Josef Pieper

Über den Begriff der Sünde

topos taschenbücher, Band 1114
Eine Produktion des Verlags Butzon & Bercker

Josef Pieper

Über den Begriff der Sünde

topos taschenbücher

Verlagsgemeinschaft topos plus
Butzon & Bercker, Kevelaer
Don Bosco, München
Echter, Würzburg
Matthias Grünewald Verlag, Ostfildern
Verlag Friedrich Pustet, Regensburg
Tyrolia, Innsbruck

Eine Initiative der
Verlagsgruppe engagement

www.topos-taschenbuecher.de

Bibliografische Information der Deutschen Nationalbibliothek
Die Deutsche Nationalbibliothek verzeichnet diese Publikation in der Deutschen Nationalbibliografie; detaillierte bibliografische Daten sind im Internet über http://dnb.d-nb.de abrufbar.

ISBN: 978-3-8367-1114-2

2019 Verlagsgemeinschaft topos plus, Kevelaer

Umschlagabbildung: © shutterstock.com bildnummer_609298205.jpg
Einband- und Reihengestaltung: Finken & Bumiller, Stuttgart
Satz: SATZstudio Josef Pieper, Bedburg-Hau
Herstellung: Friedrich Pustet, Regensburg
Printed in Germany

Inhalt

IV

V

VI

Vorwort

Kann man heute noch mit „unbefangener Sachlichkeit“ von der Sünde reden? Gut vierzig Jahre nach dem ersten Erscheinen von Piepers Schrift *Über den Begriff der Sünde* wird man feststellen müssen, daß selbst im Verkündigungsraum der Kirche kaum mehr von Sünde geredet wird. Von „Fehlern“ und „Fehlverhalten“ ja, auch von „Strukturen der Sünde“. Aber von Sünde in ihrer eigentlichen Bedeutung als „willentlicher Abkehr von Gott“? Es mag sein, daß in früheren Zeiten zu viel und zu unvermittelt von dieser beunruhigenden Seite menschlicher Freiheit die Rede war. Sünde wurde vor allem im Kontext von Geboten und Verboten thematisiert und ihr Gewicht in der Verletzung der Norm noch einmal mittels der Unterscheidung von Läßlichkeit und Schwere differenziert. Sicher stand dahinter die berechtigte Sorge, die Erlösungsbedürftigkeit des Menschen und seine Angewiesenheit auf die göttliche Gnade im Bewußtsein der Gläubigen präsent zu halten. Auch das geschieht heute weniger oder doch anders, jedenfalls so, daß der wesenhafte Zusammenhang von Sünde, Umkehr und Erlösung faktisch aus dem Blick geraten ist. Das mag auch daran liegen, daß das Schlimme von Sünde und Schuld allzu lange vor allem in juridischer Perspektive vermittelt wurde: als Übertretung gottgesetzter Normen und als Beleidigung der göttlichen Majestät. Es mangelte an einem plausiblen Bezug auf die Seinsweise des Menschen, der durch die Sünde sein eigenes Lebensziel verfehlt.

Schon wo das Schlimme menschlicher Schuld zur Rede steht, geht es weder allein um die Mißachtung moralischer Pflichten noch allein um die Folgen unrechten Verhaltens für andere. Es sind auch wir selbst, die Schaden nehmen, wenn wir schuldig werden. Dasselbe gilt in noch höherem Maße, wenn zwischenmenschliche Schuld als Sünde vor Gott verstanden wird. Es klingt fromm, ist aber eben doch, wie bei Thomas von Aquin nachzulesen ist, keine „ausreichende Antwort“ zu sagen, Gott werde durch die Sünde des Menschen beleidigt. Sondern: „Gott wird allein auf die Weise von uns beleidigt, daß wir gegen unser eigenes Gut handeln.“ Wer sündigt, gerät in einen Zwiespalt mit sich selbst, weil so „die innere Hinbewegung des Menschen auf sein eigenstes Ziel“ gestört wird und verdirbt. Das ist nicht als eine der Selbstbeobachtung unmittelbar zugängliche Erfahrung gemeint. Alle Sünde hat ja auch etwas Verführerisches, weil sie eine besondere Erlebnisqualität verheißt: Freiheit für sich selbst, Lust und Macht über andere. Dennoch ist da eine tiefe Unstimmigkeit im Selbstverhältnis des Menschen, die ihm nicht völlig verborgen bleiben kann. Auch wo er nichts von Gott weiß oder wissen will, weiß er doch, daß er sich auf diese Weise nicht zu helfen vermag und am Ende scheitern wird.

Möglicherweise ist das mit ein Grund dafür, daß die dahinterstehende Konzeption des Menschen, welche diesen Zwiespalt allein verständlich macht, weithin ignoriert und abgelehnt wird. Die „ganze traditionale Lebenslehre“ beruht auf einem „sehr fundamentalen Gedanken“: daß es eine menschliche Natur gibt, etwas von Geburt bereits Mitgebrachtes, das ungefragt und „über seinen Kopf hinweg“ dem eigenen Wollen und Tun vorgegeben ist. Der Mensch ist nicht Schöpfer seiner selbst und auch nicht Herr über das letzte Ziel seines Lebens. Darum ist das Gute nichts „willkürlich Ausgedachtes und Erfundenes“ noch ist das Böse etwas, das „getrennt gedacht werden könnte“ von dem, was jeder von uns ohne sein Zutun schon ist. Gut und Böse setzen uns in ein Verhältnis des Gelingens und Scheiterns zum Grund unserer Existenz, der nicht wir selber sind, sondern Gott. In der Abkehr von Gott verfehlt der Mensch sich selbst gerade dann, wenn er meint, ohne Gott er selbst sein zu können.

Da mag es naheliegen, um der eigenen (vermeintlichen) Freiheit willen philosophisch die Konzeption einer „Natur des Menschen“ ganz aufzugeben und theologisch „ein durch die Gnade Christi gewirktes Befreitsein des Menschen von seiner Natur“ zu vertreten. In beiden Kontexten verliert nicht bloß die Möglichkeit der Sünde als „willentliche Verneinung des Sinngrundes der eigenen Existenz“, sondern auch die Erlösungsbedürftigkeit des Menschen ihre Plausibilität. Von Erlösung und Vergebung unserer Schuld durch Gott zu reden fällt nicht in die Kompetenz der Philosophie. Sie beschränkt sich auf das, was im denkenden Nachvollzug darin schon mitgedacht und vorausgesetzt ist. Das ist, wie man schnell merken wird, nicht wenig. Piepers erhellende Untersuchung zum „Begriff der Sünde“ eröffnet hier auf der Spur seines „Lehrmeisters“ Thomas von Aquin einen neuen Zugang, Sünde als Selbstverfehlung des Menschen zu verstehen. Es sollte darum heute wieder möglich sein, mit unbefangener Sachlichkeit von der Sünde zu reden.

Berthold Wald

I

In der durchschnittlichen menschlichen Rede kommt, so scheint es auf den ersten Blick, das Wort „Sünde“ gar nicht vor, nicht nur im „Gerede“ nicht; auch im ernsthaften, über das Vordergründig-Nächstliegende hinausdringenden, „gebildeten“ Sprechen, gerade in ihm, hat diese Vokabel keinen rechten Ort. Jedenfalls sieht es so aus, als sei es mindestens schwierig, wenn nicht gar unmöglich, in unbefangener Sachlichkeit von der Sünde zu reden – so, wie man sonst von den begegnenden Dingen spricht, auch von Sachverhalten der inneren Existenz, vom Gewissen, von der Gerechtigkeit oder vom Tod. Offenbar ist da etwas, das uns hindert, völlig „unangefochten“ den Namen „Sünde“ zu gebrauchen. Und man darf vermuten, diese merkwürdige Irritiertheit könnte etwas zu tun haben mit der Realität, welche jene Vokabel meint und benennt.

Was Paul Valéry kurz nach dem Ersten Weltkrieg in einer einigermaßen berühmt gewordenen Akademie-Rede[1] von dem Worte „Tugend“ (*vertu*) gesagt hat, daß es nämlich tot sei – was sich darin zeige, daß man es nur noch im Katechismus, in der Operette und in der *Académie Française* zu hören bekomme: ebendies trifft anscheinend für das Wort „Sünde“ gleichfalls zu. Tatsächlich spricht man im Felde des religiösen Redens, ohne daß ein innerer Widerstand überwunden werden müßte, mit ungezwungener Selbstverständlichkeit von der Sünde – mit einer so unproblematischen Selbstverständlichkeit, daß man sich fragen mag, ob solche Beziehungslosigkeit zur durchschnittlichen Menschensprache hin nicht vielleicht selber eine problematische Sache sei. – Und noch ein zweiter Bereich wäre zu nennen, worin man das Wort „Sünde" ebenfalls ungeniert und geradezu hemmungslos im Munde führt; ich meine den Bereich der Unterhaltungsindustrie. Es ist niemandem unbekannt, in welcher Tonart und mit welcher fast schwachsinnigen Bedeutungsfälschung hier von einer „Nacht der Sünde" oder von einem „sündigen Weibe" geredet wird. In ähnliche Richtung weist sogar das Wort des Erzbischofs von New Orleans, den ich im Frühjahr 1968 in seiner Begrüßungsansprache vor einem Philosophen-Kongreß habe sagen hören, im Unterschied zu Chicago und New York könne man in dieser Stadt des Abends unbesorgt durch die Straßen wandern; es gebe hier zwar „viel Sünde, aber wenig Verbrechen" (*much sin, but little crime*).

Ob man allerdings die Analogie zu der Akademie-Rede von Paul Valéry so weit treiben kann, daß man von dem Wort „Sünde" gleichfalls sagen könne, es sei tot, ist mehr als fraglich – weswegen die Ermittlung des sprachlichen Befundes wohl noch etwas weiter vorangetrieben werden muß.

Was übrigens das Element von Gegenwartskritik betrifft („*heutigentags nur noch* antreffbar im Katechismus, in der Unterhaltungsindustrie" – und so fort), so ist zunächst in die Erinnerung zu rufen, daß die Situation im alten Rom, im Rom, wohl zu bedenken, der „klassischen Epoche", nicht wesentlich anders gewesen zu sein scheint. In einer gelehrten sprachgeschichtlichen Abhandlung[2] wird zum Beispiel nicht nur gesagt, der religiöse Sündenbegriff habe für den zeitgemäßen Römer in der Blütezeit Roms keine lebenskräftige Wirklichkeit mehr vergegenwärtigt, vielmehr seien die ihn benennenden Worte (*nefas, piaculum, peccatum, culpa*) „in die Museumssphäre" geraten; es wird überdies das Besondere berichtet, man habe die Bezeichnung *peccatum* in pointiert ironischem Sinn vor allem verwendet für kaum noch ernstgenommene Vergehen des erotisch-sexuellen Bereichs. Das Phänomen ist also nichts spezifisch „Modernes“. Ein jedenfalls bedenkenswertes Faktum.

Ohnehin läßt sich aus der bloßen Wortgebrauchsstatistik weder im Fall des antiken Rom noch dem unserer eigenen Zeit einfachhin folgern, die mit dem Wort „Sünde“ gemeinte Realität sei schlechterdings aus dem Bewußtsein der Menschen verschwunden und in den Abstellraum der „Museumssphäre“ verdrängt worden. Die Sache ist offenbar viel komplizierter, als sie dem ersten Hinblicken erscheint.

Es gibt einen Brief von Thomas Mann an Gerhart Hauptmann[3], worin der Verfasser des „Zauberbergs“ sich dafür entschuldigt, seinen älteren Kollegen, eben Gerhart Hauptmann, auf eine etwas fragwürdige Weise porträtiert zu haben. „Ich habe ... ein schlechtes Gewissen, weiß, daß ich gesündigt habe. Ich sage ‚gesündigt‘, weil das Wort eine doppelte Dynamik hat: es ist stark und schwer, wie es sich gebührt, und doch auch wieder, in gewissem Gebrauchsfall, ein halb gutmütiges, vertrauliches und versuchsweise humoristisches Wort ...“ Dies ist, dünkt mir, eine recht aufschlußreiche Formulierung, die den Denkgebrauch, der faktisch hinter dem Wortgebrauch „Sünde“ steht, mit der Sensibilität und Treffsicherheit des Dichters charakterisiert. Mag auch die leichtere, vordergründige, „versuchsweise humoristische“ Verwendung die starke und schwere Bedeutung gelegentlich überfluten, zudecken und in Vergessenheit fallen lassen: das Überflutete und selbst das Vergessene ist damit beileibe nicht schon aus dem menschlichen Bewußtsein verschwunden.

Auch in bezug auf die Sünde gilt, was für alle fundamentalen Existenzsachverhalte zutrifft: Wir wissen viel mehr, als wir

„wissen". Und es kommt, nach einem Worte Friedrichs von Hügel[4], „nicht so sehr darauf an, was einer zu denken meint, als darauf, was er wirklich denkt". Das in einem solchen Grundwort wie „Sünde" wahrhaft und insgesamt Gemeinte aber, nicht nur das darin *objektiv* Einbeschlossene, sondern auch das vom Sprechenden selber *subjektiv* unverwandt Gemeinte (oder Mitgemeinte), wenngleich im durchschnittlichen Falle nicht „Realisierte" und dem reflektierenden Bewußtsein nicht Präsentgehaltene, kommt möglicherweise erst, unvermutet vielleicht für den Redenden selbst, an den Tag, wenn eine starke existentielle Erschütterung die verborgene Tiefendimension des Bedeutungsfeldes unvermittelt vor den Blick bringt und sich dann das bisher nur in seinem vordergründigen Sinn gebrauchte Wort in der ungeschmälerten, anscheinend völlig neuen Inhaltlichkeit spontan ins Bewußtsein und auf die Lippen drängt.

Ein Vorgang dieser Art findet sich dargestellt in T. S. Eliots „Cocktail Party", und zwar in bezug auf eben den Begriff „Sünde", auf seinen wahren, letzten Kern. Man darf vielleicht sagen, jener Vorgang sei zugleich auch die Mitte von Eliots äußerst ernster Komödie. Es handelt sich um die Gestalt der jungen Celia Coplestone, die mit einem Schlage zu der Einsicht gelangt, daß eine Liebesbeziehung [zu dem Mann einer anderen Frau], eine Verbindung, von der sie bis zu diesem Augenblick ganz ausgefüllt gewesen ist, sich schlichthin in nichts aufgelöst hat, ja, genaugenommen, schon von Anfang an nichtig gewesen ist. Diese unversehens sich aufdrängende, völlig unabweisbare Einsicht erschüttert das Gefüge des Lebens dieser jungen Frau bis in den Grund. Ganz und gar ratlos wendet sie sich an einen Arzt – der allerdings in Eliots Dichtung so etwas ist wie ein

Bote höherer Mächte. Es sei da, so sagt sie, etwas nicht in Ordnung; „ich möchte wirklich gerne glauben, daß *ich* es bin, mit der etwas nicht in Ordnung ist – weil sonst etwas nicht in Ordnung wäre mit der Welt selbst, und das würde weit furchtbarer sein; das wäre schrecklich. So möchte ich lieber glauben, mit *mir* sei etwas nicht in Ordnung, das sich vielleicht richten ließe.“ Sie versucht nun, diese Unordnung zu benennen, und schließlich sagt sie zögernd, aber es ist, nach unendlichem Hin- und Herdenken, die einzig zutreffend scheinende, die jedenfalls nicht vermeidbare Auskunft: „Es klingt lächerlich – aber der einzige Ausdruck, den ich dafür finden kann, ist: ein Gefühl der Sünde.“ – „Sie leiden unter dem Gefühl der Sünde, Miss Coplestone? Das ist höchst ungewöhnlich.“ – „Zuerst hielt ich selbst es für anormal ... Meine Erziehung war ganz konventionell; man lehrte mich, an Sünde nicht zu glauben. Ich vermute, so etwas ist nicht einmal erwähnt worden. Alles, was uns nicht recht schien, galt entweder als geschmacklos oder als pathologisch. ... Und doch, ich finde kein anderes Wort; es muß eine Art Zwangsvorstellung sein. Aber zugleich packt mich die Angst, es sei wirklicher als alles, woran ich bisher glaubte.“ – „Was ist wirklicher als alles, woran Sie glaubten?“ – „Es ist das Gefühl ... von Versagen ... vor jemandem oder vor irgend etwas außer mir. Und ich fühle, ich muß ... sühnen. Ist das wohl das richtige Wort?“

Was hier geschieht, ist, ohne Umschweife gesagt, folgendes: Der wahre und letzte Sinn des trotz allem niemals vergessenen Wortes „Sünde“ wird aus seiner verborgenen Anwesenheit in die klar reflektierte Präsenz des Bewußtseins geholt; das bislang nicht bloß Unausgesprochene, sondern sogar Ungedachte, ja undenkbar Scheinende wird plötzlich formulierbar: daß nämlich die Sünde eine Verkehrtheit sei, die den Menschen, wäre sie unheilbar oder gar „normal“, in völlige Verzweiflung stürzen müßte; eine Verkehrtheit ferner, deren Wesen man verfehlt, wenn man sie als Krankheit deutet oder gar als einen bloßen Verstoß gegen konventionelle Verhaltensregeln; daß sie vielmehr ein Versagen vor einer übermenschlichen, richterlichen Macht bedeute, das nach einer Sühnung verlangt, deren Notwendigkeit dem Betroffenen, wofern er zur Einsicht in den wahren Sachverhalt gelangt, mit zwingender Evidenz vor die Seele tritt. – Vorgänge solcher Art, in denen sich die letzte Bedeutung der Ur-Worte unnachgiebig in die Erinnerung bringt, halten sich als Möglichkeit für jedermann und zu allen Zeiten bereit.

Aber vielleicht ist es in der besten Ordnung, daß die letzten und ernsten Dinge durch eine Art Nicht-Beanspruchung, durch Schweigen also, geschützt bleiben, daß sie gerade nicht im Alltagsgebrauch abgegriffen und verschlissen werden. Mag sein, daß sich so, als eine sozusagen „hygienische“ Maßnahme, das auf den ersten Blick oberflächliche und sogar leichtfertig scheinende Reden von der Sünde versteht, das man gelegentlich bei großen geistlichen Führern und Erziehern antrifft, die zwar, natürlich, äußerst ernst von der Sünde denken, es aber vorziehen, eher untertreibend davon zu sprechen und etwa zu sagen: man habe sich nicht gerade großartig benommen, man habe es falsch angefangen, eine Dummheit gemacht, „daneben gehauen“ – und so fort.

Freilich ist hier vielleicht noch etwas anderes im Spiel – wovon ausführlicher zu sprechen in diesem Stadium unserer Erörterung zwar noch etwas verfrüht ist, das aber dennoch bereits die allererste Umschreibung auch des rein sprachlichen

Befundes nicht übersehen kann. Ein Beispiel: Ernst Jünger[5] nennt einmal den Befehl Hitlers, Kriegsgefangene zu töten, einen seiner schwersten „Mißgriffe". Natürlich ist „Mißgriff" hier ein absichtlich unterkühltes Wort; zutreffender wäre es, von einem Verbrechen zu reden, von einer Untat, von einem ungeheuerlichen Rechtsbruch. Doch würden wir zögern, in diesem Kontext von einer „schweren Sünde" zu sprechen; in Wirklichkeit aber zögern wir ja nicht nur; wir halten es für geradewegs unangemessen, fast für unerlaubt, dieses Wort hier zu gebrauchen. Warum? Ich glaube, daß sich in solchem spontanen, noch völlig unreflektierten Sich-Sträuben etwas längst Gewußtes, wenngleich Halb-Vergessenes ins Gedächtnis bringt, die Einsicht nämlich, daß es uns überhaupt nicht zusteht und daß wir uns schlechterdings nicht in der Position befinden, irgendeine konkrete Tat von jemand anders mit diesem, nun offenbar in seiner vollen ungeschmälerten Bedeutung genommenen Namen „Sünde" zu benennen; daß hierzu vielmehr eine übermenschliche Einsicht gefordert wäre. Obwohl wir also die „Sünde", in ihrer äußersten Bedeutung verstanden, für eine reale, dem geschichtlichen Menschen durchaus zuzutrauende Möglichkeit halten und indem wir von Anfang an vermuten, daß die menschlichen Fehlleistungen etwas von Grund auf anderes und weit Gewichtigeres sein können als bloße Mißgriffe oder unzweckmäßige Verhaltensformen, ist es uns zugleich und aus den gleichen Gründen nicht unvertraut, daß man die Vokabel „Sünde" mit Fug aus der alltäglichen menschlichen Rede aussparen sollte – dieweil damit etwas gemeint ist, das in der innersten geheimen Zelle der Person seinen Ort hat.

Es ist allerdings *eine* Sache, wenn im durchschnittlichen mitmenschlichen Umgang die geschichtlich gewachsene Gemeinsprache über etwas, dessen reale Anwesenheit in der Welt man durchaus anerkennt, nicht ausdrücklich gesprochen wird, und es ist eine ganz *andere* Sache, in der Begriffssprache kritischer Reflexion die wirkliche Existenz von etwas ausdrücklich zu leugnen oder zu ignorieren. Schweigen ist etwas anderes als Verschweigen. Mit solchem Verschweigen aber bekommt man es sogleich zu tun, wenn man es unternimmt, philosophierend, das heißt, das Ganze von Welt und Dasein unter jedem denkbaren Aspekt kritisch erörternd, den Begriff der Sünde zu klären. Wer etwa, in der Absicht einer ersten vorläufigen Orientierung, das dreibändige „Wörterbuch der philosophischen Begriffe" von Rudolf Eisler zu Rate ziehen wollte, der würde das Stichwort „Sünde" darin überhaupt nicht antreffen; und wenn er daraufhin, was ja naheläge, unter dem Stichwort „Schuld" eine Auskunft suchen würde, so sähe er sich dort wiederum auf ein anderes Stichwort („Zurechnung") verwiesen, wo sich dann endlich einige recht dürftige Angaben zum Gegenstand finden. Nun aber entspricht solche ausdrückliche Weglassung eines anthropologischen Grundbegriffes aus der Thematik der Philosophie einer bestimmten formellen Theorie, wie man ihr zum Beispiel bei Nicolai Hartmann, aber auch bei Martin Heidegger begegnet. In Nicolai Hartmanns „Ethik" (erste Auflage: 1925), der weitestgreifenden und in der Form höchstrangigen Äußerung, die unter diesem anspruchsvollen Titel in den letzten Jahrzehnten hervorgetreten ist, wird etwa behauptet, die Ethik kenne den Begriff der Sünde überhaupt nicht; „sie hat für ihn keinen Raum"[6]. Und in Martin Heideggers fast gleichzeitig erschienenem *opus magnum* „Sein und Zeit" heißt es gleichfalls, daß „philosophisches Fragen grundsätzlich nichts von der Sünde weiß“[7]. Der traditionale Begriff der Sünde ist diesen Autoren sehr wohl bekannt. Nicolai Hartmann definiert ihn ausdrücklich, nämlich „als dieselbe moralische Schuld, von der auch die Ethik spricht, aber nicht ‚als‘ moralische Schuld, d. h. nicht als Schuld vor dem Forum des eigenen Gewissens und der Werte, sondern *vor Gott*“[8]. Das ist, wie gesagt, die überlieferte, sowohl bei Thomas von Aquin wie bei Kant und Kierkegaard anzutreffende Definition der „Sünde“. Thomas: „Der Schuldcharakter der Sünde rührt daher, daß sie gegen Gott begangen wird“[9]; Kant: Sünde bedeute „Übertretung des moralischen Gesetzes *als* göttlichen Gebotes“[10]; und Kierkegaard: „Menschliche Schuld wird ... dadurch zur Sünde, daß der Schuldige wußte, daß er vor Gott da ist.“[11]

Und es ist also ebendies Element der sittlichen Fehlleistung des Menschen, das nach der Auffassung von Nicolai Hartmann und Martin Heidegger (sowie der ganzen, von ihnen repräsentierten Strähne neuzeitlicher Anthropologie) dem Philosophierenden schlechterdings nicht zu Gesicht kommt – was doch folgendes besagt: Wenn ich die mir begegnende Realität des menschlichen Daseins ins Auge fasse, und zwar, wie es ja das Amt des Philosophierenden ist, unter jedem denkbaren Aspekt; und wenn ich dann das sich mir Zeigende zu benennen versuche, dann könne es für mich nicht den mindesten legitimen Anlaß geben, von „Sünde“ zu sprechen; von „wertwidrigem Verhalten“ – ja; von einem „Verstoß gegen das eigene Gewissen“ – ja; von „Schuld“ – ja; das alles komme möglicherweise vor. Aber: „Verletzung einer übermenschlichen Norm“, „Übertretung eines göttlichen Gebotes“, „Sünde“ – das alles, so wird behauptet, begegne einer auf den empirischen Menschen sich richtenden, wie auch immer sonst gearteten Erkenntnisbemühung *nicht;* und folglich sei es unphilosophisch, von der „Sünde“ überhaupt zu reden. Denkt man nun freilich die Begründung hinzu, auf die Nicolai Hartmann diese seine Meinung ausdrücklich stützt: daß nämlich die philosophische Ethik „ganz und gar diesseitig eingestellt“ sei, ja, daß es „ethisch verkehrt, unmoralisch, ein Verrat am Menschen“ sein würde, wenn dem Menschen „irgendetwas im Himmel oder auf Erden, und sei es Gott selber, darüber [= über den Menschen] ginge“[12]; daß überdies „die Sünde“, nach christlicher Überzeugung, „der Ansatzpunkt [sei] für das Werk Gottes am Menschen, die Erlösung“[13], die aber „selbst ethisch wertwidrig“[14] genannt werden müsse, „ein moralisches Übel“, „die Entmündigung und Entwürdigung des Menschen“, „ein im sittlichen Sinn Nichtsein-Sollendes“[15] – betrachtet man genauer diese Argumentation, dann zeigt sich doch das Verwunderliche, wiewohl beileibe nicht Ungewohnte, daß es klarerweise gleichfalls *Glaubenssätze* sind, auf Grund deren der Begriff „Sünde“ wegen seines theologischen Charakters, als „Glaubenssache“, aus der philosophischen Ethik verwiesen wird. Und, wie man sieht, ist von hier aus gar kein weiter Weg zu Nietzsches exaltierten Proklamationen: „Ich erwürgte selbst die Würgerin, welche Sünde heißt“[16]; „glaubt nicht an die Sünde“[17]; „schaffen wir den Begriff der Sünde aus der Welt!“[18].

Natürlich kann niemand „voraussetzungslos“ in eine Erörterung des Themas „Sünde“ eintreten. Was man aber sehr wohl tun kann, ist: die eigenen Voraussetzungen wie auch die darin wurzelnden Voraus-Vermutungen möglichst deutlich zu deklarieren und zur Formulierung zu bringen. Ebendies soll hier jetzt versucht werden.

Vorausgesetzt also ist im Folgenden nicht allein, daß es, generell, außer der *gewußten*, durch wissenschaftliches Forschen und im Philosophieren erreichbaren Wahrheit eine *geglaubte* Wahrheit gibt, in welcher eine auf andere Weise nicht zu erfassende Dimension der einen, uns vor Augen liegenden Realität von Welt und Mensch vernehmlich wird und sich zeigt; daß es also auch eine theologische Auskunft darüber geben kann, was letzten Grundes in der sittlichen Verfehlung des Menschen geschieht. Aber nicht nur das ist vorausgesetzt, sondern ich rechne überdies mit der Möglichkeit, daß von dem Licht jener übermenschlichen Wahrheit her der jeweils zur Rede stehende Gegenstand auch für die philosophisch fragende Bemühung tiefer und deutlicher erfaßbar werden könnte. Solches „Rechnen mit einer Möglichkeit“, das mancher auf den ersten Blick vielleicht für nicht sonderlich aufregend halten mag, ist beileibe nicht wenig; es kann in einem besonderen Falle sehr viel davon abhängen, ob einer etwas für „möglich“ oder für „ausgeschlossen“ hält. Hier ist jedenfalls gesagt: Ich halte mich ausdrücklich offen für die Möglichkeit, daß sich auf dem Grunde des Phänomens menschlicher Schuld oder in dem, was wir für den „Grund“ dieses Phänomens halten, etwas zunächst gar nicht Geahntes und Neues zeigen könnte. Doch muß jetzt wohl noch konkreter gesprochen werden: Wer als Glaubender davon überzeugt ist, daß die Auflehnung des Menschen gegen Gott so ungeheuerliche Geschehnisse im Gefolge gehabt und ausgelöst hat, wie sie den wesentlichen Inhalt der christlichen Mysterienlehre ausmachen, der kann als Philosophierender, das heißt als ein den Sachverhalt „sittliche Verfehlung“ unter jedem möglichen Aspekt Bedenkender, unmöglich zugleich der Meinung sein, dieser Sachverhalt sei hinlänglich oder gar erschöpfend damit beschrieben, daß man sagt, es handle sich um den Verstoß gegen eine vom Menschen selbst, etwa von der „Gesellschaft“, aufgerichtete Verhaltensregel oder gegen das *abstractum*, das man „die Werte“ nennt. Weit eher muß er es erwartbar finden, sein Gegenstand werde eine gar nicht auslotbare Tiefenerstreckung haben, die jeden etwa formulierbaren Befund unterfängt und relativiert. Er wird, anders ausgedrückt, darauf präpariert sein, im Phänomen selbst einen Schatten jener Mysterienlehre anzutreffen – und wäre es auch nur in der Weise, daß ihm ahnbar wird, wie das Nicht-Aufgehen aller menschlichen Interpretation von „Schuld“ sich möglicherweise dennoch schlichten könnte in einer umfassenderen Wahrheit, mag diese auch, als sie selber, niemals „positiv“ zu fassen sein und sich vielleicht nur in einer Negativ-Form andeutungsweise zeigen: in einer extremen inneren Erfahrung oder in einzelnen kaum entzifferbaren Daten, wie sie immer wieder einmal der tiefenpsychologischen Analyse vor den Blick zu kommen scheinen. Vor allem aber nehme ich, bereits *vor* irgendwelcher genaueren Erörterung, mit äußerstem Argwohn Nicolai Hartmanns Wort vom „Widerstreit ... von Schuld und Sünde“[19] zur Kenntnis, das doch offenbar sagen will, es handle sich um zwei getrennte Tatbestände, von denen der eine etwas „Ethisches“ sei und der andere etwas „Religiöses“. Vielmehr lasse ich mich nicht so leicht beirren in der Erwartung, daß auf dem Grunde eines jeden, wider das eigene bessere Wissen vollbrachten menschlichen Tuns auch das Unterscheidende der Sünde, nämlich die Qualität der Verletzung einer übermenschlichen Verhaltensregel, sichtbar werden wird, und zwar als etwas Nicht-hinweg-zu-Diskutierendes, als etwas demnach in solchem Sinn unserer Erfahrung Begegnendes. Die Vermutung also, die als die entscheidende Voraussetzung des hier unternommenen Versuches bezeichnet werden kann, besagt, auf eine knappe Formulierung gebracht: Der Mensch verstoße, *indem* er „vor dem Forum des eigenen Gewissens und der Werte“[20] schuldig wird, *zugleich* gegen eine gottgesetzte Norm – worin nach der einhelligen Auskunft der menschlichen Überlieferung präzis das Wesen der „Sünde“ besteht.

II

Versucht man, den Begriff „Sünde“ einzugrenzen und, wie Goethe zu sagen pflegte, „ins Enge zu bringen“, so zeigen sich sogleich zwei Bedeutungsfelder, worin er angesiedelt zu denken ist, ein weiteres und ein weniger geräumiges. Das weitere ist der ganze Bereich des Übels, des Unguten, des Schlimmen, des *malum*. Wer „Sünde“ denkt, der hat zugleich und, genaugenommen, schon zuvor gedacht, daß etwas „nicht in Ordnung“ sei mit dem Menschen, daß etwas mit ihm nicht stimme, daß es nicht gut um ihn und sein Dasein stehe und vielleicht sogar nicht gut um die Welt insgesamt. Das andere, begrenztere Begriffsfeld ist das des fehlerhaften Tuns, der menschlichen Fehlleistung, des durch Handeln oder Unterlassen verursachten Übels. Jede Sünde ist eine Fehlleistung; aber nicht jede menschliche Fehlleistung ist schon Sünde im strikten Sinn, natürlich nicht.

Immerhin bleibt zu diesem Punkt zu bedenken, daß die lateinischen wie auch die griechischen Vokabeln (*peccatum, hamartia*), mit denen aber das Neue Testament genau das bezeichnet, was wir mit dem Wort „Sünde“ meinen, ursprünglich einen weiteren, *nicht*-ethischen Sinn haben. Vielleicht hält man es weder für überraschend noch für weiter bedenkenswert, wenn bei Homer[1] an die hundert Male das Verbum *hamartánein* die schlichte Tatsache bezeichnet, daß ein speerschleudernder Krieger sein Ziel verfehlt. Auch daß bei Aristoteles die nicht-ethische Bedeutung der Worte *hamartia* und *hamártema* offenbar die im durchschnittlichen Fall näherliegende ist, womit dann etwa der Kunstfehler des Arztes, der grammatische

Fehler im Satzbau, das Sich-Verschreiben gemeint ist, obwohl anderseits die Nikomachische Ethik[2] mit dem gleichen Wort auch die sittliche Verfehlung benennt – vielleicht mag man dies gleichfalls nicht gerade aufregend finden. Eher schon kann es einen in Erstaunen setzen, daß auch die Bibel, das Hebräisch jedenfalls des Alten Testaments, einen Sinn des Wortes „Sündigen" kennt, der ganz allgemein so viel besagt wie: „den richtigen Punkt verfehlen" – wozu das Kittelsche „Theologische Wörterbuch"[3], auf das ich mich hier verlasse, die Anmerkung macht, diese Verwendung könne „weder aus dem religiösen noch dem rechtlichen oder ethischen Sprachgebrauch verstanden werden", vielmehr sei sie „als Grundlage" dafür zu denken; was wiederum gerade die *nicht*-ethische und die *nicht*-religiöse Bedeutung des Wortes als die ursprünglichere erweist.

Damit ist etwas einigermaßen Wichtiges zur Sprache gebracht, das sich jedoch von unserem deutschen Wort „Sünde" her weniger leicht verständlich machen läßt als, so scheint es, von dem lateinischen Ausdruck *peccatum* her. Ein Mann wie Thomas von Aquin zum Beispiel kann noch, wiewohl auch er bereits ein wenig im Widerspruch zum theologischen Sprachgebrauch seiner Zeit, auf den allgemeineren, das Ethische und das Religiöse durchaus überspannenden Sinn des Begriffs *peccatum* zurückgreifen: „Jegliches Tun, das nicht in Ordnung ist, kann *peccatum* genannt werden – ob es nun dem naturhaften Bereich angehört oder dem künstlerischen oder dem sittlichen."[4] Dem „künstlerischen" Bereich ist, wie hier nebenher rasch angemerkt werden mag, nach mittelalterlichem Denk- und Sprachgebrauch jede Gestalt des Herstellens und Machens zugehörig, sowohl das „Musische" also wie auch das im weitesten Sinn „Technische". Und *peccatum* – dieser Name ist demnach so gemeint, daß er jede Art von Fehlleistung bezeichnet, handle es sich nun um den Kunstfehler des Brückenbauers oder des Musikers oder auch um die sittliche Verfehlung. Wo immer es Tun und Machen gibt, da gibt es möglicherweise auch Fehlleistungen, *peccata*. So gesehen, kann nicht nur ein Tier, wofern es etwas „falsch macht", ein *peccatum* begehen; sondern wenn sich im Mutterleibe eine Mißgeburt bildet, dann könnte sogar auch dies ein *peccatum naturae*, eine Fehlleistung der Natur, genannt werden.[5]

Und aus diesem umfassenderen Felde des *peccatum*, das heißt der Fehlleistung, das heißt des durch Tun und Machen hervorgebrachten Übels, wird erst die schmalere Bedeutungsparzelle des strikten Sinnes als „Sünde" zu Bezeichnenden herausgeschnitten. Thomas verwendet dafür, sofern und solange er mit dieser Begrifflichkeit operiert, das Wort *culpa*, Schuld. „Diese drei Dinge – *malum, peccatum, culpa* – verhalten sich jeweils zueinander wie das Allgemeinere zum weniger Allgemeinen."[6] Thomas weiß sehr wohl, wie schon gesagt, daß zu seiner eigenen Zeit faktisch „in der Redeweise der Theologen *peccatum* und *culpa* als gleichbedeutend verstanden werden"[7]. Aber offenbar hat er sich von solchem Rückgriff auf einen schon ein wenig in Vergessenheit geratenen Wortgebrauch eine tiefere Klärung des Begriffs der Sünde versprochen, auf die es ihm natürlich dennoch vor allem ankommt. Es könnte sich also vielleicht lohnen, *vor* der Erörterung der sittlichen Fehlleistung, der *culpa*, der „Sünde" also im strikten Sinn, den allgemeineren Begriff der Fehlleistung überhaupt, des *peccatum*, genauer unter die Lupe zu nehmen.

Die Antwort auf die Frage, worin eigentlich das Fehlerhafte einer Fehlleistung liege, scheint auf den ersten Blick sehr einfach zu sein. Ein Schütze verfehlt das Ziel, auf das er angelegt hat: Was sonst also sollte hier falsch sein, als daß er „danebentrifft"? Nun, jeder gute Schießlehrer wird einen in dieser Sache eines Besseren belehren. Wann immer von einem wirklichen Schießen-*Können*, von einer „Kunst" des Schießens soll die Rede sein können (und natürlich gibt es nur unter dieser Voraussetzung überhaupt Fehlleistungen, *peccata artis*[8]; wer nichts weiter im Sinn hat, als aufs Geratewohl im Revier herumzuknallen, der kann klarerweise überhaupt keinen Fehler machen, jedenfalls keinen „Kunstfehler"!) – also: in der „Kunst" des Schießens kommt es offenbar nicht auf die bloße Tatsache des Treffens an. Jeder weiß, daß einer, rein faktisch, einen „Meisterschuß" zustande bringen kann, ohne auch nur eine Spur von der Kunst des Schießens zu verstehen. So kann es sehr wohl geschehen, daß der Schießlehrer, obwohl einer ins Schwarze getroffen hat, dennoch zu Recht den Schuß als einen Mißerfolg und als eine grobe Fehlleistung bezeichnet, als ein *peccatum* – weil die Norm des Schießens verletzt worden sei. Der durch Eugen Herrigels Buch[9] bekanntgewordene alte japanische Zen-Meister in der Kunst des Bogenschießens nennt es sogar voller Zorn unehrenhaft und betrügerisch, als sein westlicher Schüler, den die jahrelange Einübung von nichts anderem als der „richtigen" Entlassung des Pfeiles aus der Hand ungeduldig macht, durch einen zwar zufällig „erfolgreichen", aber regelwidrigen Trick die Lehrzeit abzukürzen versucht. Aber erstaunlicherweise sagt Thomas von Aquin, ganz generell formulierend und natürlich mit dem Blick auch auf die sittliche Verfehlung des Menschen, genau das gleiche: „Die Nichtbeachtung der Regel des Tuns gehört wesentlicher zum Begriff der Fehlleistung als sogar die Nicht-Erreichung des Zieles."[10]

Zugespitzt formulierend könnte man also sagen: Was an einem Fehlschuß, genaugenommen, nicht stimmt, das ist möglicherweise gar nicht die Verfehlung des Zieles, sondern der Verstoß gegen die Regeln des Schießens. Dennoch bleibt bestehen, daß der Sinn von Schießen Treffen ist. Und die Schießregeln haben ihre Berechtigung nur auf Grund dessen, daß sie das Treffen wahrscheinlich machen, ein gerade *nicht* zufälliges, ein vielmehr „regel-mäßiges" Treffen.

Ziel des Tuns – Regel des Tuns: diese beiden Dinge also gehören natürlich zusammen. Die Norm des Tuns ist gerade nicht zu denken als eine beziehungslos aufgerichtete, isolierte Vorschrift; was sie „soll", ist, im Gegenteil, die planmäßige Hinordnung des Tuns auf das mit diesem selbst gemeinte Ziel. Und genau hierin liegt die Begründung für die auf den ersten Blick paradox scheinende These, „wesentlicher" als in der tatsächlichen Nichterreichung des Zieles bestehe das Fehlerhafte einer Fehlleistung in der Nicht-Beachtung der Norm des Tuns.

Anderseits ist, wie schon gesagt, klar, daß man das Eigentliche der Sünde noch gar nicht getroffen hat, wenn man sie eine Fehlleistung nennt, obwohl sie das durchaus ist: etwas Schlimmes, das sich in einem Tun manifestiert. Der hauptsächliche Unterschied – präziser gesagt, einer dieser Unterschiede – liegt in der Freiwilligkeit, im *voluntarium*[11]. Es gehört zur Natur der sittlichen Fehlleistung, frei gewollt zu sein, während die Fehlleistungen sonst ausnahmslos ungewollt sind; sie passieren allesamt versehentlich – weswegen man ihretwegen, wegen eines „Kunstfehlers", genaugenommen, weder schuldig werden noch auch beschuldigt werden kann. *Artifex non culpatur*: der im Felde der Kunst Tätige wird als Mensch nicht schuldig auf Grund dessen, daß er etwas schlecht macht.[12]

An diesem Punkt ist der Einwand denkbar, ob aber nicht zum Beispiel der Arzt sehr wohl und mit Recht verantwortlich gemacht werde für einen „Kunstfehler". Hierauf würde ich sagen: Die Tätigkeit des Arztes ist offenbar kein „reiner Fall", weil sie sich gar nicht ausschließlich im Felde des technisch Richtigen oder Falschen zuträgt, sondern zugleich als Respektierung oder Verletzung des dem kranken Menschen Geschuldeten – so daß ein Mangel an ärztlichem Können, obwohl „an sich" nicht schon als Schuld anrechenbar, tatsächlich zu einem mindestens fahrlässigen Verstoß gegen die sittliche Norm der Mitmenschlichkeit, der Gerechtigkeit werden kann. – Freilich ist auch die Gegenfrage zu bedenken: Gibt es überhaupt den „reinen Fall" einer nichts als technischen Fehlleistung?

Zunächst ist noch einmal zu prüfen, ob es tatsächlich – mit der einzigen Ausnahme der sittlichen – zum Begriff der Fehlleistung gehöre, ungewollt, unabsichtlich, versehentlich zu sein. Die Sprache selbst gibt hierauf, meine ich, eine völlig klare Antwort. Niemand zum Beispiel kann sich mit Absicht verrechnen. Wer in seiner Steuererklärung bewußt falsch addiert und dann, um sich zu entschuldigen, sagt, er habe sich „verrechnet", der lügt. Auch der Lehrer, der in einem an die Wandtafel geschriebenen Rechenexempel arglistig einen Fehler unterbringt, um die Rechenfertigkeit oder die Aufmerksamkeit seiner Schüler zu testen, „verrechnet" sich natürlich keineswegs. Er verfährt gerade korrekt – im Blick auf eine Zielsetzung, die er in diesem besonderen Falle für wichtiger hält als die „richtige" Rechenoperation.

Solche Einfügung freilich in den Zusammenhang einer umfassenderen Zielsetzung kann bei jedem Verstoß gegen eine „Kunstregel", das heißt bei jeder nichtsittlichen Fehlleistung, mit Fug geschehen, während sie im Falle einer sittlichen Fehlleistung und überhaupt einer sittlichen Handlung niemals möglich ist, prinzipiell nicht: weil es einen über das Sittliche hinausliegenden, „wichtigeren" Sinnzusammenhang gar nicht gibt! Schießen, Rechnen, Bildermalen, Wunden behandeln – all das kann im konkreten Vollzug mit Recht einem größeren Ziele untergeordnet werden. Für das im strikten Sinn ethische Tun des Menschen aber ist ebendies nicht möglich.

Es sind, wie Thomas von Aquin sagt[13], vor allem zwei Punkte, worin sich das *peccatum in actu artis,* der „Kunstfehler" also, von der sittlichen Verfehlung, vom *peccatum in moralibus,* unterscheidet. Erstens hat alle Kunstübung (im weitesten Sinn) mit einem Ziel zu tun, welches nicht das Ziel der Existenz im Ganzen ist; die Zielsetzung der Künste ist immer partikulär – weswegen auch der „Kunst*fehler*", im Unterschied zur sittlichen Verfehlung, stets nur ein Teilziel betrifft, nicht aber das Ziel des Lebens selbst. Zweitens setzt sich der Mensch die Ziele der Kunstübung selber; sie sind etwas „durch die menschliche Vernunft Ausgedachtes". Und also verstößt, anders als die sittliche Verfehlung, ein „Kunstfehler" nie gegen die mit der Existenz und der Natur des Menschen gegebenen, von uns immer schon Vorgefundenen, aus höherer Machtvollkommenheit gesetzten Ziele.

Die Ziele der Kunst: „etwas vom Menschen Ausgedachtes" – das liest man, zugegeben, mit einigem Mißbehagen. Können solche Formulierungen wirklich bestehen angesichts großer Dichtung und Musik? Doch bevor man hier protestiert, sollte man sich daran erinnern lassen, daß die Alten unter „Kunst“ (*ars*) einfachhin die Fertigkeit des Machens, die *recta ratio factibilium*, verstanden haben – wobei das zu machende Werk ein Sonett oder eine Passacaglia sein mag, aber auch eine Geige oder ein Türschloß. Die fast religiöse Andacht beim Aussprechen des Wortes „Kunst“ ist den Alten, von Aristoteles bis Johann Sebastian Bach[14], durchaus unbekannt. Vielmehr bestehen sie mit großer Nüchternheit darauf, daß alle Kunstübung, die technische wie die musische, *menschliches* Tun sei und alle Werke der Kunst *Menschen*werk, zum mindesten *auch* Menschenwerk, hervorgegangen aus menschlichem Entwurf und entsprungen aus der Zielsetzung von Menschen. – Vielleicht wird man noch einmal auf die „ärztliche Kunst“ zu sprechen kommen und zu bedenken geben, daß doch ihr Ziel, die Heilung kranker Menschen, wohl kaum „etwas von der menschlichen Vernunft Ausgedachtes“ genannt werden könne. Das hört sich zwar plausibel an; dennoch ist es jeweils der Mensch selber, der nicht allein darüber entscheidet, ob ein ärztlicher Eingriff geschehen und wie er des näheren beschaffen sein soll; es ist gleichfalls in des Menschen Beschließen gestellt, ob er überhaupt als Arzt tätig werden will oder nicht vielleicht als Lehrer, Architekt, Musiker; niemand verletzt eine streng verpflichtende Forderung, wenn er, trotz einer vielleicht zutageliegenden Eignung oder gar „Berufung“, ein anderes Geschäft vorzieht. Insofern also sind Heilen, Lehren, Häuserbauen, Musizieren tatsächlich Zielsetzungen, die klarerweise auf menschliche Entscheidung zurückgehen – während das Menschsein selbst genausowenig in unser Beschließen gestellt ist wie das Ziel des menschlichen Daseins: hierüber entscheiden nicht wir selbst, noch handelt es sich um etwas von der

Vernunft „Ausgedachtes". Vielmehr finden wir solche Zielsetzung als etwas über unseren Kopf hinweg bereits Verfügtes genau ebenso vor, wie wir uns selber als diese so gearteten Wesen schon als in der Welt existierend antreffen. Diesem universalen Ziel der Existenz im Ganzen aber müssen, wenn es mit rechten Dingen zugehen soll, alle partikulären, selbstgewählten Zielsetzungen eingefügt und untergeordnet werden, also auch die jeder denkbaren Kunstübung, sei es die des Arztes oder die des Dichters.

Vermutlich gibt es demnach, aufs Ganze gesehen, überhaupt keine „*rein* technischen" (medizinischen, literarischen, herstellerischen – und so fort) Probleme, die ausschließlich auf Grund von Kriterien der bloßen Kunstübung gelöst und bewältigt werden können – weil keine Kunstübung denkbar ist, die außerhalb der menschlichen Existenz stattfände; weil vielmehr alles Herstellen von Werken, alles Machen (*facere, poiein*) unvermeidlich zugleich auch Handeln ist, Tun, *agere*, menschliche *praxis*.

Und weil das so ist, darum ist es einfach in der Natur des Sachverhalts begründet, daß es im Bereich des Machens, der „Kunst" also und der Kunstübung, immer zweierlei Fehlleistung geben kann. – Die *eine* Möglichkeit der Fehlleistung ist der „Kunstfehler" im strikten Sinn, der Verstoß gegen das partikuläre selbstgesetzte Ziel: der Schütze „trifft daneben"; der Chirurg verletzt ein lebenswichtiges Organ; die statische Berechnung des Brückenbauers erweist sich als falsch. – Die *zweite*, gleichfalls immer bestehende Möglichkeit der Fehlleistung im Bereich der Kunst liegt darin, daß einer zwar das partikuläre selbstgesetzte Ziel durchaus, vielleicht mit genialer Könnerschaft erreicht, zugleich aber gegen das universale Ziel der Existenz im Ganzen verstößt.

Mit dieser Unterscheidung ist eines der unentbehrlichen gedanklichen Werkzeuge bereitgelegt, ohne die eine so schwierige Frage wie die nach der ethischen Beanspruchbarkeit der „Künste“ keinesfalls zulänglich geklärt oder auch nur erörtert werden kann – wobei vielleicht, gemäß dem alten, weitergreifenden Begriff der *artes*, ebenso wichtig wie das „Musische“ das „Technische“ ist: die Verfahrensweisen der Medizin, der Politik, der Werbung, der Herstellung und Handhabung von Waffen – und so fort. Daß etwa die Fabrikation nuklearer Waffen noch anderen Normen unterstellt ist als den bloßen Kunstregeln des technischen Fertigungsverfahrens und daß hier der Wertmaßstab *„technically sweet“* im Grunde völlig belanglos ist, dürfte inzwischen aller Welt klar sein (mit dieser Kennzeichnung des „technisch Reizvollen“ hat bekanntlich Robert Oppenheimer das für den Experimentalphysiker Verführerische und Versucherische benannt, das mit der ersten begründeten Vermutung verbunden gewesen sei, man könne vielleicht tatsächlich eine Atombombe herstellen[15]). Ganz offenkundig handelt es sich hier nicht um ein „rein“ technisches Problem, nicht um die bloße Frage der „Kunst“, wie man so etwas macht, sondern um eine Angelegenheit, die, *wenn überhaupt*, nur unter Bedenkung des geschichtlichen Daseins im Ganzen und der mit ihm selbst gegebenen Ziele beurteilt und bewältigt werden kann. – Im Grunde aber gilt das gleiche für *alle* Tätigkeitsformen des Menschen, in denen nach bestimmten Verfahrens- und „Kunst“-Regeln ein partikuläres Ziel angegangen und realisiert wird; immer sind solche „Künste“ nicht nur einer technischen, sondern zugleich einer sie übergreifenden Norm unterstellt, welche den Menschen nicht als Fachmann, Techniker, Künstler bindet, sondern als *persona humana* – und die man seit eh und je als „sittliche" Norm bezeichnet.

Natürlich mögen die Dinge im konkreten Fall äußerst schwierig zu beurteilen sein; anderes ist gar nicht zu erwarten. Aber wer diese zunächst vielleicht pedantisch erscheinende Unterscheidung zwischen den beiden prinzipiell möglichen Fehlern im Bereich des künstlerisch-technischen Machens nicht akzeptiert und bedenkt, der ist einfach nicht dafür ausgerüstet, die hier steckenden Probleme auch nur wahrzunehmen. – Wenn etwa jemand sagt, was man immer wieder einmal von Berühmtheiten der *haute littérature* zu hören oder zu lesen bekommt, es gebe nur gut geschriebene und schlecht geschriebene, aber keine guten oder schlechten Bücher[16] – dann ist es natürlich ein von Anfang an hoffnungsloses Unternehmen, mit ihm darüber zu diskutieren, ob ein bestimmtes Buch den unreifen Leser verderben könne, zur Zuchtlosigkeit verführe – und so fort.

Man denke nicht, dies sei ein spezifisch „christliches" Thema. Beide Partner des hier zu führenden Streitgesprächs sind seit ein paar tausend Jahren in der europäischen Denktradition repräsentiert. Es definiere den Schriftsteller, daß ihm die Überzeugung zur zweiten Natur geworden ist, es sei „vollkommen gleichgültig, *was* man denkt und schreibt" – dieser Satz stammt zwar von einem bedeutenden modernen Romanautor deutscher Sprache; aber Platon läßt in seinen Dialogen den Sophisten Gorgias fast genau das gleiche sagen: nicht der Gegenstand sei entscheidend, sondern das Wie der Darstellung, der Stil, die Form, die Diktion. Wohingegen Platon selber nicht bloß uns, sondern auch seinem eigenen, äußerst sensiblen Sinn für sprachliche Gestalt die These zumutet: etwas könne möglicherweise hervorragend gemacht sein, vollendet gesagt, hinreißend formuliert und dennoch, aufs Ganze und Entscheidende angesehen, zugleich falsch und grundschlecht. – Aber natürlich sind der möglichen Beispiele Legion. Der Schuß, der Martin Luther King getötet hat, ist zweifellos, rein technisch betrachtet, eine „Spitzenleistung" gewesen; aber der Meisterschuß war dennoch zugleich ein Mord. Und ein chirurgischer Eingriff mag sehr wohl beides sein, eine verbrecherische Abtreibung und eine hervorragend durchgeführte und „erfolgreiche" Operation. *Artifex non culpatur*[17]: als Schütze wie als Chirurg sind die, welche die Techniken handhaben und beherrschen, eher zu rühmen als zu beschuldigen; dennoch handelt es sich um Fehlleistungen, sofern beide als sittliche Person betrachtet werden, *inquantum sunt homines*[18].

Hier nun deutet sich eine Radikalisierung des eben zitierten, ohnehin problematischen Satzes von der „Unschuld der Kunst" an, die etwas unterscheidend Modernes zu sein scheint. Jedenfalls begünstigt die arbeitsteilig organisierte Gesellschaft die Meinung, man könne „‚Handeln' durch die Etikettierung ‚Arbeiten' in etwas moralisch Neutrales"[19] verwandeln und so die „Arbeit", die ebenso wenig „stinke" wie das Geld (*non olet*), zur „Tarnform der Handlung" machen[20], das heißt, man könne eine dem Bereich der *artes* zugehörige, rein technische Verrichtung aus dem Gesamtzusammenhang einer von Natur auf den Sinn des Daseins im Ganzen ausgerichteten „sittlichen Handlung" herauslösen und rein dadurch, daß man „nur seine Arbeit" tue, auch „als Mensch" in Ordnung sein. – Der letzte Kommandant von Auschwitz hat in seiner Selbstbiographie[21] das Funktionieren dieses Vernichtungslagers als eine enorme organisatorische Leistung dargestellt, bei der sowohl das vom Verkehrsministerium genau festgelegte „Fahrplanprogramm" wie vor allem die Kapazität der Krematorien und deren „feuerungstechnische Möglichkeiten" zu bedenken gewesen seien. – Und der Erfinder des Napalm hat, mit Fotos von verbrannten Menschen konfrontiert, gesagt, er habe seinen Auftrag als „rein wissenschaftliche Entwicklungsaufgabe" verstanden, die er jederzeit von neuem übernehmen werde.[22]

Versucht man, das bisher einigermaßen Geklärte auf eine knappe Formulierung zu bringen, so könnte das Resultat in folgenden fünf Punkten zusammengefaßt werden:

Punkt eins: Sünde ist ein menschliches Tun, ein Akt des Menschen – nicht also primär ein Zustand. Dennoch, auch dieser Wortgebrauch ist, zum Beispiel im Neuen Testament, anzutreffen, besonders bei Johannes. „Wäret ihr blind, dann hättet ihr keine Sünde" (Joh 9,41): In diesem Satz erscheint die Sünde eher als etwas, das man „hat", wie eine Krankheit, etwa den Aussatz. Oder wenn Paulus sagt: „Tot für die Sünde, lebendig für Gott" (Röm 6,11) – dann scheint er von der Sünde zu reden wie von einer fast personhaft zu denkenden Macht. In solchem Sinn muß wohl in der Tat gerade die früheste biblische Erwähnung des Begriffs „Sünde" (Gen 4,7) gedeutet werden. Martin Buber sagt, sie könne nur „vermutungsweise" zutreffend in unsere heutige Sprache übertragen werden; er selbst schlägt in seiner Übersetzung das Wort vom „Lagerer" vor, der wie ein dämonischer Bandit vor dem Tore lauert.[23] – Der Versuch, den Gesamtbereich des mit „Sünde" Gemeinten abzuschreiten, dürfte sich kaum davon dispensieren, all diese Wortbedeutungen mit in Betracht zu ziehen – wenngleich der Ausgangspunkt wohl bleiben muß, daß „Sünde“ primär ein *Tun* sei, eine menschliche Tat. „Sünde ist nicht einfachhin Mangel, sie ist ein *Akt* [dem die gebührende Hinordnung fehlt].“[24] „Hinordnung auf das Ziel geschieht durch Tun; darum besteht die Sünde, welche ja die Störung der Hinordnung auf das Ziel besagt, wesentlich in einem Tun.“[25]

Punkt zwei: Obwohl Störung der Hinordnung auf das Ziel, ist Sünde zugleich, und vielleicht sogar zuvor, Verstoß gegen eine Verhaltensregel. Die freilich ist nicht zu denken als eine beziehungslos positivistische „Anordnung“, sondern als eine mit dem Sinn des Tuns selber bereits gegebene Weg-Weisung zu dem zu erreichenden Ziel – so daß folglich die Verletzung der Norm zugleich die Erreichung des Zieles zu etwas Unwahrscheinlichem und Zufälligem macht.

Punkt drei: Nicht wir selber haben, etwa kraft einer Wahlentscheidung, das Ziel, in dessen Verfehlung die Sünde besteht, gesetzt. Vielmehr finden wir uns bereits ungefragt auf dieses Ziel ausgerichtet vor. Hierin also sind wir *nicht* frei – sofern man, wie etwa Jean Paul Sartre, menschliche Freiheit so versteht, daß darin die Möglichkeit einbeschlossen sein müsse, auch über die eigene Natur und das eigene Dasein selber wählend zu entscheiden. „Das Verlangen nach dem letzten Ziel ist nicht unter den Dingen, deren Herr wir sind.“[26]

Punkt vier: Weil dies mit der Natur des Menschen selbst gegebene Ziel klarerweise das Ganze seines Daseins meint, darum muß auch seine Verfehlung notwendig den Kern der Existenz treffen und versehren. Keine denkbare Fehlleistung sonst vermag den Menschen schuldig zu machen – außer die sittliche Fehlleistung, das heißt: die Sünde. Sie allein stört oder verdirbt die innere Hinbewegung des Menschen auf sein eigenstes Ziel. Ein Kunstfehler vermag wohl das Werk, niemals aber den Kunst-Ausübenden selber als Person „schlecht“ zu machen, während die sittliche Fehlleistung den Menschen einfachhin „böse“ macht.[27]

Punkt fünf: „Sittlich im vollen Sinn ist jener Akt, der ganz und gar in unserer Macht steht“[28]; das heißt: Es gehört zum Begriff auch der sittlichen Fehlleistung, der Sünde also, verantwortet werden zu müssen und zurechenbar zu sein. Wenn es diese Entscheidungsfreiheit nicht gäbe, kraft deren wir uns zu dem mit unserer Natur und unserem Dasein bereits vorgegebenen Ziel so oder auch anders, bejahend oder verneinend, stellen können; wenn es keine solche Fehlleistung gäbe, in unserer Macht liegend, von uns gewollt und „in uns“ selber, *in nobis*[29], entspringend – dann gäbe es auch weder Schuld noch Sünde im strikten Sinn.

Obwohl also in der bisherigen Erörterung das nach unserer ganz zu Anfang geäußerten Vermutung entscheidende Begriffselement der sittlichen Fehlleistung noch gar nicht ausdrücklich zur Sprache gekommen ist, daß sie nämlich, die Sünde, letztlich ein Verstoß sei gegen eine übermenschliche, absolute Norm, Widerstand gegen Gott selbst – so ist dennoch schon die Vorstellung von der bloßen Möglichkeit einer freigewollten Verfehlung wider das Ziel und den Sinn des Daseins im Ganzen etwas so Ungeheuerliches, daß unser Denken über den Menschen kaum damit fertig zu werden vermag. Und im Grunde ist nichts begreiflicher als der immer wieder einmal unternommene Versuch, diesen völlig ungereimt scheinenden, überdies äußerst beunruhigenden Gedanken einfach hinwegzuinterpretieren – wofür sich natürlicherweise zwei Wege auftun. Man kann entweder die Gewolltheit der Sünde leugnen oder abschwächen, indem man sagt, der angeblich oder nur scheinbar „Schuldige" sei in Wirklichkeit einer, der nicht weiß, was er tut; er sei also ein Irrender, ein „Verblendeter", vielleicht gar von der Gottheit in die Dunkelheit gestoßen (der furchtbare antike Begriff der *ate*, des von Zeus bewirkten, aber dennoch dem Menschen angerechneten „Verhängnisses", hat hier seinen Ort). Aber auch die Frage des platonischen Sokrates ist in die Erinnerung zu rufen: ob nicht Tugend letztlich auf Einsicht beruhe und dann also auch die schuldhafte Tat auf Unwissenheit – worauf Sören Kierkegaard[30] zu Recht geantwortet hat: „Ist Sünde Unwissenheit, dann gibt es keine Sünde, da sie gerade die ‚bewußte Absicht' einschließt." Und wenn Teilhard de Chardin[31] die Sünde aus einer „statistischen Notwendigkeit" zu erklären versucht (wo immer eine Vielzahl dabei sei, sich zur Einheit zu organisieren, da gebe es notwendig eine gewisse Häufigkeit von Fehlern, wofür er dann ein „postalisches" Beispiel anführt: bei der Massenversendung von Briefen falsche Frankierungen, unvollständige Anschriften – und so fort), dann ignoriert auch er im Grunde die Absichtlichkeit der sittlichen Fehlleistung. Sünde ist ihrer Natur nach gerade kein Versehen; und ein Versehen, das heißt eine ungewollte Fehlleistung, ist niemals Sünde. – Der zweite denkbare *modus*, die Ungeheuerlichkeit, die der Begriff der Sünde enthält, aus der Welt zu schaffen, wäre der Versuch Nietzsches, ihr nicht die Gewolltheit abzusprechen, sondern die Qualität des Bösen: „Ich erfreue mich der großen Sünde als meines großen Trostes."[32]

Dennoch hat noch niemand die Überzeugung endgültig zu erschüttern vermocht, die frei gewollte Verfehlung gerade dessen, was den Sinn des Lebens ausmacht, gehöre zu den Möglichkeiten des geschichtlichen Menschen, das heißt die Überzeugung, der Mensch sei in der Tat ein Wesen von solcher Art (vielleicht sollte man sagen: von solchem Rang), daß er im vollen unabgeschwächten Sinn und mit allen Konsequenzen schuldig werden kann. Allerdings, wie könnte man sich diesen erschreckenden Gedanken eines bewußten Zuwiderhandelns gegen den Sinn des eigenen Daseins plausibel oder auch nur begreiflich machen? Es ist zwar im gegenwärtigen Stadium unserer Diskussion noch zu früh, diese Frage formell zu erörtern. Immerhin sollte sie, als ausdrücklich gestellte und offenbleibende Frage, die Atmosphäre der folgenden Überlegungen bestimmen.

III

Es ist nicht eine bloße Redensart, zu sagen, in der Sünde geschehe etwas, das „nicht in Ordnung" ist. „Ordnungswidrigkeit", „Ungeordnetheit" – das sind Vorstellungen, die seit je auch in der philosophisch-theologischen Reflexion dem Begriff „Sünde" zugeordnet werden, und zwar in mehrfachem Sinn. Nicht allein wird die Sünde selbst ein ordnungswidriges Tun genannt[1]; auch die Seele, so wird gesagt, gerate durch sie in Unordnung; die Sünde bestehe eben darin, „daß die Seele ihre Ordnung verliert"[2]. Es ist auch die Rede von der „ungeordneten Liebe des Menschen zu sich selbst"[3], die, wie übrigens auch ein Element von „ungeordneter Furcht"[4], in jeder Sünde stecke. – Aber was heißt des genaueren, etwas sei „nicht in Ordnung"? Was vor allem heißt „Ordnung"? Nehmen wir an, es komme uns nicht sogleich etwas rein Administratives oder gar Polizeiliches in den Sinn; in jedem Fall denken wir an etwas Statisches, an einen so und so gearteten „bestehenden Zustand", während in der großen europäischen Denktradition schon der Wortgebrauch auf etwas klarerweise Dynamisches hinweist. *Ordo ad alterum, ordo ad invicem, ordo ad finem:* Das sind völlig gebräuchliche Wortverbindungen, soviel besagend wie „*Hin*-Ordnung" (auf den anderen, aufeinander, auf das Ziel). Gemeint ist, daß die rechte Ordnung in der Welt wie auch im Menschen sich realisiere in der Weise des Geschehens, nämlich darin, daß die uns selber innewohnende Dynamik sich auf den ihr gemäßen Richtpunkt hin bewege. Als ungeordnet und ordnungswidrig gilt anderseits alles, was aus dieser Bewegungsrichtung herausfällt. Sünde also bestimmt sich als ein in besonderem Sinn beziehungsloses[5] Tun, als ein Handeln, dem die Zuordnung fehlt. – Das klingt, zugegeben, zunächst ziemlich formalistisch. Doch ändert sich das Bild, sobald man noch einige andere Kennzeichnungen hinzubedenkt, mit denen die Theologie des ersten christlichen Jahrtausends, von Augustinus[6] bis Thomas, den Begriff der Sünde gleichfalls zu fassen sucht.

So wird zum Beispiel gesagt, alle Sünde sei „wider die Natur“[7]. Es ist sogleich klar, daß die hier gemeinte „Naturwidrigkeit“ etwas durchaus Generelles besagt: *Jede* Sünde (und nicht etwa nur die in den Strafgesetzbüchern so genannte „widernatürliche Unzucht“) wird als ein Verstoß sowohl gegen die Naturordnung im Ganzen[8] wie auch gegen die Natur des Menschen verstanden. Begreiflich, daß sich hier die Frage stellt, wieso und auf Grund von was eigentlich im Begriff „Natur“ irgendein Element von Richtweisung, Verbindlichkeit oder gar Verpflichtung enthalten sein soll – das in der Idee der „Ordnung“ immerhin erkennbar bleibt. – Dies ist der Punkt, einen sehr fundamentalen Gedanken zur Sprache zu bringen, auf dem die ganze traditionale Lebenslehre beruht. Es ist die Überzeugung, daß im ganzen Bereich menschlichen Wirkens das Erste immer das ist, was der Mensch und die Dinge „von Natur“ sind – wobei „von Natur“ soviel besagt wie: kraft der Erschaffung, von Schöpfungs wegen. Die „Natur“ des Menschen kann geradezu als der Inbegriff dessen bezeichnet werden, was mit ihm, über seinen Kopf hinweg, von Schöpfungs wegen gemeint ist. Allem also, was der Mensch als bewußt sich entscheidendes Wesen tun kann, liegt, was er von Natur ist, notwendig bereits voraus – und zwar nicht allein als das Früheste und Erste, sondern auch als Norm. Menschliche Erkenntnis ist nur dann wahr, wenn sie sich gründet auf das, was wir naturhaft wissen. Vor allem ist das aus freier Wahl und Entscheidung hervorgehende Tun des Menschen nur dann gut, wenn sich darin das fortsetzt und durchhält, was unser Wille von allem Anfang an bereits naturhaft will. Freilich ist die „menschliche Natur" zwar das von Geburt bereits Mitgebrachte, das wir selber weder wählen noch machen (noch auch verderben) können; es ist aber zugleich und erst recht der Entwurf, der wir selber sind und auf dessen Verwirklichung es „von Schöpfungs wegen" mit uns hinauswill. Demnach ist das, was der Mensch „soll", das Gute also, nicht etwas willkürlich Ausgedachtes und Erfundenes, nicht etwas, das ohne Beziehung wäre zu dem von Haus aus mitgebrachten Wesen des Menschen und der Dinge, mit denen er es zu tun bekommt. Das Gute ist, im Gegenteil, gerade das, worin all sein naturhaftes Drängen erst zur Artikulierung und Erfüllung gelangt. Aber genau ebenso ist das Böse nicht etwas, das getrennt gedacht werden könnte von jenem vorgegebenen Seinsbestand; auch die Sünde ist nicht etwas von einem „rachsüchtigen" Gott oder von irgendeiner moralischen Institution böswillig als bloße „Kandare" oder Behinderung Ersonnenes. Sondern: „Sündigen ist nichts anderes, als zurückzubleiben unter dem Gut, das einem seiner Natur nach zukommt."[9]

Im Kontext dieses Gedankens rückt sich auch, wie von selbst, der ursprüngliche Sinn eines Begriffes zurecht, der in dem vor allem durch Kant angefachten, einigermaßen öffentlichen Streitgespräch inzwischen eine fast philisterhaft-sinistre Bedeutung bekommen hat; ich meine den Begriff der *inclinatio naturalis*, der „naturhaften Neigung"[10]. Damit ist natürlich nicht der zufällig-launenhafte Wunsch gemeint, zu bekommen, wonach einem gerade der Appetit steht; wahrscheinlich ist die „naturhafte Neigung", so wie sie hier verstanden wird, überhaupt nicht etwas empirisch-psychologisch Antreffbares. Sie ist die verborgene Schwerkraft, die in allen einzelnen Willensregungen wirksam ist, die Grundenergie, kraft deren das Dasein auf das von Schöpfungs wegen mit ihm Gemeinte zudrängt – gespeist aus dem Ur-Akt der Erschaffung, der selber nicht anders gedacht werden kann denn als ein auf unüberbietbare Weise explosiver Vorgang, von dem her alle kreatürliche Dynamik in der Welt ihren ersten Anstoß empfangen hat und von dem her sie seitdem in Gang gehalten wird. Wer das bedenkt und akzeptiert, der kann einen Satz wie den folgenden, welcher der alten Lebenslehre völlig selbstverständlich ist, kaum überraschend finden: „Alles, was der naturhaften Neigung widerstreitet, ist Sünde."[11]

Unversehens wird damit aber noch etwas anderes begreiflich: daß und warum wir nämlich niemals mit der uneingedämmten Kraft unseres Wollens sündigen können, niemals ohne inneren Vorbehalt, nie aus ganzem Herzen. Weil Sünde immer gegen den naturhaften Impuls des Sündigenden selbst geschieht, darum kann, wer unrecht tut, nie völlig eins sein mit sich selbst. Sogar die Qual der Verdammten ist letzten Grundes Zwiespalt mit sich selbst, Schmerz der Trennung von dem noch immer unverwandt naturhaft Gewollten und Geliebten. Ganz und gar *d'accord* zu sein mit sich selbst – das gerät nur dem, der das Gute tut; ihm allein wird das Glück zuteil, sich restlos und mit vollen Segeln in seine Tat werfen zu können. Kierkegaard hat in dieser gänzlichen Ungeteiltheit und Unabgelenktheit der Willenszuwendung das große biblische Richtbild von der „Reinheit des Herzens" realisiert gesehen: „Soll es möglich sein, daß ein Mensch das Eine wolle, dann muß er das Gute wollen"[12]; „die Reinheit des Herzens ist: Eines zu wollen"[13].

Wer also die „menschliche Natur" als kreatorischen Entwurf versteht, zugleich vorgegeben und erst noch zu realisieren, dem allein wird auch die Antwort auf die bereits formulierte Frage einleuchten, wieso der Begriff „Natur" überhaupt ein Element von verbindlicher Richtweisung enthalte; er wird es überdies plausibel finden, daß die formelle Verfehlung wider die Natur zugleich ein Verstoß gegen eine übermenschliche Norm ist und also Schuld vor Gott, dem Schöpfer.

Allerdings gibt es nicht nur *eine* Weise, diese Zuordnung („‚von Natur' ist, was ‚von Schöpfungs wegen' ist") zu sprengen; es gibt nicht nur den ausdrücklichen oder unausdrücklichen Atheismus, der die Erschaffenheit und also den Entwurfcharakter von Welt und Mensch leugnet oder ignoriert – mit der Konsequenz, daß man die sittliche Fehlleistung des Menschen allenfalls für ein unzweckmäßiges Verhalten, für einen Mißgriff oder einen Anpassungsmangel erklärt. Es ist auch eine weltlose, „religionistische" Theologie denkbar, welche das, was der Mensch „von Natur" und „von Schöpfungs wegen" ist, für belanglos hält und jedenfalls für ethisch unverbindlich – mit der Konsequenz, daß des Menschen Gutsein wie auch seine Sünde abgetrennt erscheinen von seiner kraft Geburt miteingebrachten Realität. Das ist so wenig eine abstrakte Konstruktion, daß man geradezu sagen darf, ein entscheidendes Merkmal bestimmter moderner Theologien sei genau dies. Roger Garaudy ist ja beileibe nicht im Irrtum, wenn er die nach seiner Meinung zur Selbstbesinnung gelangte und von ihm deswegen ausdrücklich gerühmte zeitgenössische christliche

Theologie so interpretiert, daß sich ihr das Dasein vor allem darstelle als ein durch die Gnade Christi gewirktes Befreitsein des Menschen von seiner eigenen Natur[14] – ein Befreitsein nämlich für eine durch noch gar nichts im vorhinein festgelegte, zur Zukunft hin rein offene Entscheidung. Es gibt nicht wenige Anzeichen dafür, daß in der Tat hinter mancher allzu ausschließlichen Rede von der Zukunft und von der Hoffnung genau diese Art von Existenzdeutung steht – als sei da noch nichts vorgegeben, zum Beispiel durch die Erschaffung, das heißt durch das, was der Mensch „von Natur" ist. In einem öffentlichen Disput habe ich (1967) Jürgen Moltmann[15] zu bedenken gegeben, ich würde äußerst bestürzt sein und die eigene Position mit tiefem Mißtrauen neu überdenken, falls ich mich als christlicher Theologe von einem so intelligenten Beurteiler wie Roger Garaudy solchermaßen interpretiert fände. Doch gab mir mein Gesprächspartner zur Antwort, er sei mit jener Deutung völlig einverstanden; auch nach seiner eigenen Überzeugung beginne die christliche Existenz *ex nihilo*. Dies ist, scheint mir, erweisbar falsch. In Wirklichkeit kommt alles, was wir, ob Christ oder nicht, in eigener Verantwortung tun, überhaupt erst in Gang auf Grund der fundamentalen Voraussetzung des kraft der Erschaffung ins Dasein gerufenen Wesens von Welt und Mensch. Überdies bestimmt sich von ebendieser Voraussetzung her auch das Maß, die Grenze und die Norm unserer Entscheidungen, die gerade *nicht* „aus dem Nichts" hervorgebrachte, sondern kreatürliche Entscheidungen sind. Auch die sittliche Fehlleistung des Menschen kann nicht so gedacht werden, als trage sie sich zu in einem abgetrennten Raum von „Gnade" und „Innerlichkeit". Vielmehr materialisiert sich „Schuld vor Gott" immer zugleich als Verstoß gegen das, was Welt und Mensch „von Schöpfungs wegen“ sind – weswegen es völlig legitim ist zu sagen, alle Sünde sei „wider die Natur“.

Wenn dem Leser, wie ich hoffe, das mit alledem Gemeinte einigermaßen klar und plausibel geworden ist, dann muß ich nunmehr selber diese Klarheit wieder ein wenig trüben, damit der Sachverhalt in seiner Kompliziertheit im Blickfeld bleibt – welcher Sachverhalt freilich in unserem Fall nicht nur kompliziert und vielschichtig ist, sondern geradewegs ein *mysterium*. – In der überlieferten Lebenslehre also heißt es nicht nur, die Sünde *widerstreite* dem, was wir naturhaft wollen, sondern befremdlicherweise auch, sie *gründe sich* darauf: „Alle Sünde wurzelt in einem naturhaften Begehren.“[16] Wie reimt sich das zusammen? Man könnte, zurückgreifend auf die schon verwendete Analogie, sagen, auch beim Schießen würde ja die Verfehlung des Zieles gar nicht geschehen können, gäbe es nicht die Spannkraft des Bogens und vor allem die auf das Treffen gerichtete Anstrengung dessen, der den Pfeil abschießt – man könnte das sagen, wäre nicht in dieser Analogie das Entscheidende zugedeckt, weil gar nicht ausdrückbar: daß nämlich die sittliche Fehlleistung gerade ein gewolltes und beabsichtigtes „Danebentreffen“ ist. Und diese Absichtlichkeit soll gleichfalls herrühren aus dem naturhaften Wollen oder doch darauf gegründet sein? – Es sieht so aus, als werde die uns letztlich bewegende Grundfrage, wie Sünde überhaupt als etwas Menschenmögliches zu denken sei, durch ihre gedankliche Zuordnung zum naturhaften Wollen erst recht dringlich und zugleich noch um eine ganze Dimension schwieriger.

Zuvor jedoch ist noch eine dritte Kennzeichnung der Sünde zu bedenken, nämlich der in der Tradition tatsächlich ungezählte Male anzutreffende Satz, die Sünde sei etwas Widervernünftiges, ein *actus contra rationem*[17], eine Art von „Verrücktheit" also und doch nicht etwas Krankhaftes, gerade nicht etwas, das auf Unzurechnungsfähigkeit beruht, sondern eine bei klarem Verstande und in voller Verantwortlichkeit begangene Vernunftwidrigkeit (und folglich, so möchte man sagen, erst recht „verrückt"!). Unwillkürlich kommt einem der Begriff der „Verblendung" in den Sinn, der ja keineswegs dasselbe besagt wie Blindheit, Nicht-Sehen, Abwesenheit von Erkenntnis, der vielmehr gleichfalls sprachgebräuchlich durchaus ein Element von Zurechenbarkeit und Schuld enthält – worin sich wiederum eine Ahnung anzukündigen scheint von dem innerlich Widersinnigen der Sünde, von ihrer Absurdität. Auch der neuplatonische Mystiker, der sich unter dem Namen Dionysius Areopagita verbirgt, nennt das Böse das *álogon*[18]; und wenn der „Aristoteliker" Thomas von Aquin sich auf ihn beruft für seine These, diese Widervernünftigkeit mache geradezu den Begriff der Sünde aus[19], so zeigt sich schon darin, daß mit der *ratio* jetzt nicht primär die Fähigkeit schlußfolgernden Denkens gemeint sein kann. Immerhin ist hier offenbar behauptet, zwischen Sünde und Erkenntnis bestehe ein Widerstreit. Erkenntnis aber heißt Wirklichkeitserhellung, Wahrheit, Licht. Gut ist menschliches Tun kraft seiner Wirklichkeitsgemäßheit, das heißt dadurch, daß es sich herleitet aus der Erkenntnis der Realität. Sünde aber ist Widerspruch gegen das, was der Mensch weiß und sieht; sie ist Verneinung des Lichtes der Vernunft. „Was immer aber gegen dieses Licht ist, das ist für den Menschen böse und wider seine Natur."[20]

Es lohnt sich, einen Augenblick diese, anscheinend in aller menschheitlichen Überlieferung beheimatete Metapher „Licht der Vernunft“ genauer zu bedenken – wobei man sich sogar fragen kann, ob es sich überhaupt um eine Metapher, um einen bildlichen Ausdruck, handle. Offenbar ist mit dem „Licht der Vernunft“ nicht ein in sich selber substanzhaftes Wesen gemeint, nicht etwas von sich aus Inhaltliches, wonach der Mensch sich richten könnte; vielmehr wird durch das Licht etwas anderes, von ihm selbst, von der Vernunft also wie von der Erkenntnis, Verschiedenes sichtbar; und dieses andere, nunmehr Sichtbar-Gewordene ist es dann, wonach einer sich zu richten vermag. Wer sich durch den Urwald einen Weg bahnt, wird zwar vielleicht *sagen*, er richte sich nach dem Licht (der Sonne oder der mitgeführten Laterne); in Wirklichkeit richtet er sich nach den Dingen (den Bäumen, den Unebenheiten, den Hindernissen), die ihm durch das Licht vor den Blick kommen, freilich durch das Licht allein. Ebenso gilt umgekehrt: Das dem Licht der Vernunft Widerstreitende, das Vernunftwidrige, steht tatsächlich im Widerspruch zu der Realität, die in diesem Lichte erkennbar wird. Die Vernunft ist das Fenster oder der Spiegel, wodurch und worin der objektive Logos der Sachen sich uns zeigt. Und so ist es im Grunde das gleiche, ob man sagt: „Alle Gesetze und Sittenregeln lassen sich auf eine zurückführen: auf die Wahrheit“, oder ob man sagt: „Im Tun und Handeln kommt alles darauf an, daß die Objekte rein aufgefaßt und ihrer Natur gemäß behandelt werden.“ Übrigens stammen beide Sätze von ein und demselben Autor, von Goethe[21], der sich, wie man sieht, gerade in bezug auf diesen Punkt in einer sehr tiefreichenden Übereinstimmung befindet mit Thomas von Aquin[22] und der abendländischen Weisheitstradition insgesamt.

Es ist allerdings, wie gesagt, allein die Vernunft, das *lumen rationis*, kraft dessen uns die Realität der Dinge zu Gesicht kommt. Sosehr also das Gute das Wirklichkeitsgemäße und das Böse das Wirklichkeitswidrige ist, so wenig kann die Vernunft übersprungen und ausgelassen werden. Sie ist ja nicht so etwas wie ein neutral-passives Medium; sie ist die lebendige Kraft, welche uns die Realität der Welt und des Daseins aufschließt. Die Vernunft ist, *in* diesem Aufhellungsakt, so sehr selber Richtschnur und Norm, durch gar nichts zu ersetzen und auf keine Weise zu umgehen, daß sie uns sogar noch dann verpflichtet, wenn sie sich (und uns) täuscht!

Das wird mit einem Schlage einleuchtender, sobald an die Stelle von Erkenntniskraft, Vernunft, *ratio*, eine andere Vokabel tritt: das Wort „Gewissen". Mit dem Gewissen aber ist nichts anderes gemeint als das durch uns, kraft unserer selbst-eigenen Vernunft, zu findende und zu formulierende Urteil über das, was hier und jetzt von uns zu tun ist. Die Sünde ein Akt wider die Vernunft – das besagt also: ein Verstoß gegen das eigene Gewissen, wider unser „besseres", wider das beste uns erreichbare Wissen. Und selbst wenn dies Gewissensurteil tatsächlich, objektiv betrachtet, *nicht* das beste ist – sogar dann verpflichtet es uns, dieweil es für uns eine andere Instanz nicht gibt. Auch wenn ich mich in meinen Entscheidungen ausdrücklich nach dem Willen Gottes zu richten entschlossen bin: Es ist *meine* Erkenntnis und das Urteil *meines* Gewissens, worin allein der Wille Gottes mir vor den Blick kommen kann. Und „wenn die Vernunft fälschlich [*errans*] sagt, etwas sei Gottes Gebot, dann ist die Weisung der Vernunft zu mißachten dasselbe wie die Mißachtung von Gottes Gebot"[23]; „alles Wollen ist einfachhin und immer unrecht, sofern es zur Vernunft nicht stimmt – sei diese im Irrtum oder im Recht"[24].

Begreiflicherweise ist uns, nachdem der Rationalismus die *ratio* in Mißkredit gebracht hat, nicht sonderlich wohl angesichts solch unangefochtener Rede von „Vernunftgemäßheit" und „Vernunft". Gerade der Christenmensch ist mißtrauisch geworden, und dies ja beileibe nicht ohne Grund. Dennoch sollte man es sich zumuten, ein wenig genauer zur Kenntnis zu nehmen, was die große Tradition mit „Vernunft" meint und was nicht. Die in jener Überlieferung geltende Rede von der Vernunft ist vor allem ganz und gar unspiritualistisch; sie diffamiert weder die Sinnlichkeit noch auch die uns selber prinzipiell undurchschaubare Dunkelheit des Naturhaften, das den Grund, buchstäblich das Fundament aller geschaffenen Wesen, auch des kreatürlichen Geistes, konstituiert. Vernunft bedeutet hier ferner nicht das „autonome", „souveräne" Bewußtsein, wie die idealistische Systemphilosophie es versteht; gemeint ist vielmehr die Empfänglichkeit für Realität. Vernunft ist endlich nicht notwendig eingeschränkt zu denken auf den Bereich des natürlicherweise Erkennbaren; oft genug allerdings, es kommt auf den gedanklichen Kontext an, erscheint die *ratio* als die Partnerin des Glaubens oder auch als seine Voraussetzung; aber ebensooft ist damit einfachhin die Kraft gemeint, Wahrheit zu fassen, die gewußte wie die geglaubte.

Freilich kann die eigene Vernunft nur dann eine den Menschen verpflichtende Kraft besitzen, wenn im Akt der Erkenntnis selbst eine irgendwie geartete Teilhabe am göttlichen Logos geschieht und wenn der innewohnende Wortcharakter der Dinge, wonach wir uns erkennend richten, zurückweist auf das kreatorische Ur-Wort Gottes selbst. Man wird vielleicht sagen, das sei eben die Auskunft der christlichen *Theologie*. In bezug auf diesen Punkt bin ich nicht so sicher. Bringt nicht, zum Beispiel, wer immer, mit dem Blick auf eine konkrete mitmenschliche Situation, nach genauer Prüfung eine bestimmte Entscheidung „gerecht" und eine andere „ungerecht" nennt[25] – bringt der nicht, ohne anders zu können, eine letzte übermenschliche Instanz ins Spiel? Besitzt nicht ein solches, in letztem Ernst gefälltes Urteil – sowohl kraft dessen, *was* darin gesehen ist, wie auch kraft des Erkenntnis*aktes* selbst – eine vom menschlichen Subjekt unabhängige Verbindlichkeit, die jedenfalls den Erkennenden unbedingt verpflichtet und also „gilt"? Man braucht offenbar nicht Christ zu sein, um dies sehen zu können. Schließlich ist es Aristoteles, der die übermenschliche Dignität der menschlichen Vernunft beim Namen nennt, auch er übrigens, nicht ohne Grund, im Zusammenhang der Ethik[26]: „Etwas Göttliches ist für den Menschen die Vernunft."

IV

Obwohl etwas durchaus Zutreffendes sagt, wer von der sittlichen Verfehlung behauptet, sie beruhe auf Unordnung und bewirke Ungeordnetheit; sie sei ferner etwas Naturwidriges, ein Hindernis für die Realisierung des mit dem Menschen entwurfhaft Gemeinten; sie sei endlich ein Akt oder eine Unterlassung gegen die eigene Vernunfteinsicht, wider das bessere Wissen und also gegen das Gewissen – er hat dennoch mit alledem nur *uneigentliche* Kennzeichnungen ausgesprochen. Zwar verfehlen sie nicht die Sache, von der sie reden; aber das Entscheidende und Unterscheidende der Sünde, daß sie nämlich ein letztlich gegen Gott gerichteter Akt sei, bleibt noch immer unbenannt. Jene uneigentlichen und sozusagen provisorischen Namen können zwar ohne Schaden verwendet werden, solange man sie nicht als endgültige, völlig adäquate Bezeichnungen versteht. Doch werden sie in dem gleichen Augenblick, in dem man das tut, über die bloße Uneigentlichkeit hinaus, falsch.

Allerdings zeichnet sich, wie schon deutlich geworden sein mag, der wahre Charakter der Sünde bereits auf dem Grunde auch ihrer uneigentlichen Kennzeichnungen als etwas mindestens Ahnbares ab. – Werden die Vorstellungen „Ordnung" und „Ordnungswidrigkeit" nur energisch genug vollzogen und realisiert, dann läßt sich der Gedanke an einen letzten Ziel- und Richtpunkt kaum unterdrücken. Eines Augenblicks, heißt das, läßt es sich unbefangenerweise nicht mehr einfach ignorieren, daß die Sünde eine Störung der Bezogenheit des Menschen auf sein *letztes* Ziel sein könnte, eine *inordinatio quae excludit ordi-*

nem finis ultimi[1], etwas also, das in irgendeinem Sinn mit Gott zu tun hat. – Noch deutlicher zeigt sich das gleiche in der radikaleren Durchdenkung der „Naturwidrigkeit" der Sünde. Solch schärfere Radikalität sollte man sich getrost aufnötigen lassen durch die Konfrontierung etwa mit dem „Existentialismus" Sartrescher Prägung. Wenn jedenfalls Jean Paul Sartre sagt, es gebe, wenn da niemand sei, der den Menschen entworfen und mit ihm etwas gemeint habe, überhaupt keine menschliche Natur[2] – dann ist das in der Tat ein unantastbarer Satz, der die Fundamente des Daseins weit klarer zur Sprache bringt als eine konventionelle, mit vorletzten Begründungen sich abfindende Beruhigungsphilosophie. Und es wird einem vielleicht unversehens begreiflicher, wieso ein „naturwidriges" Handeln letzten Grundes ein Verstoß gegen den kreatorischen Entwerfer sein muß. „Die Ordnung der Natur stammt von Gott selbst, weswegen *im* Verstoß wider die Natur Gott selber Unrecht geschieht", *fit iniuria ipsi Deo, ordinatori naturae*[3]. – Und wenn es, drittens, zum Wesen der menschlichen Vernunft gehört, daß uns in ihrem Licht, und auf keine Weise sonst, die Wirklichkeit der Welt wie auch unser selbst präsent und faßlich wird; und wenn überdies unsere Vernunft nicht ein durch uns selber entzündetes, sondern ein mitgeteiltes Licht ist, Teilhabe an jenem Ur-Licht, das, wie Platon[4] es von der Sonne sagt, zugleich die Dinge sichtbar macht und das Auge sehend – dann besagt ja, in der Konsequenz eines bereits von Aristoteles[5] formulierten Gedankens, „Vernunftgemäßheit" wie „Vernunftwidrigkeit", aufs Entscheidende angesehen, immer zugleich das Sich-Richten oder auch das Sich-nicht-Richten nach dem sowohl in der objektiven Realität als auch in unserer eigenen Erkenntniskraft sich manifestierenden kreatorischen Logos selbst.

Nicht ohne Arglist habe ich gerade hier die Namen vorchristlicher Philosophen genannt, wie das übrigens Thomas von Aquin in diesem Zusammenhang gleichfalls tut. Es steckt darin so etwas wie die Antwort auf eine vielleicht sich schon bereit haltende kritische Frage. Die Frage lautet, denke ich mir, etwa so: Warum mit solcher Ausführlichkeit von der „Ordnungswidrigkeit", „Naturwidrigkeit" und „Vernunftwidrigkeit" der Sünde reden, wenn es sich dabei doch zugegebenermaßen nur um vorläufige Kennzeichnungen handelt? Warum dann nicht sogleich den wahren und eigentlichen Namen nennen und erörtern?

Bevor ich jedoch diese Frage formell zu beantworten versuche, muß der Satz Sören Kierkegaards in die Erinnerung gerufen werden: „Weder das Heidentum noch der natürliche Mensch wissen, was Sünde ist"[6] – ein Satz, an dem jetzt nicht so sehr die persönliche, in einer bestimmten Theologie wurzelnde Vorstellung Kierkegaards interessiert als vielmehr die Tatsache, daß in ihm eine nahezu gängige, die geistesgeschichtliche Literatur weithin charakterisierende Lehrmeinung zum Ausdruck gelangt, die übrigens sowohl in der Tonart des Bedauerns wie der Beglückwünschung instrumentiert sein kann. Wenn etwa Erwin Rohde sagt, „in ihren guten Jahrhunderten" seien die Griechen „unempfänglich" gewesen für die „Infektionskrankheit des Sündenbewußtseins"[7]; oder wenn Friedrich Nietzsche „das griechische Altertum" preist als „eine Welt ohne Sündengefühle"[8] – dann erscheint die vorgebliche Unwissenheit der Heiden in bezug auf den wahren Charakter menschlicher Schuld fast als der Inbegriff paradiesischen Glücks. Doch gibt es, wie gesagt, auch die andere Instrumentierung. Nicht nur bei Kierkegaard, sondern auch schon in Bonaventuras Sentenzenkommentar[9] steht zu lesen, die griechischen Philosophen hätten nicht gewußt, „daß die Sünde eine Beleidigung der göttlichen Majestät ist"; und im Kittelschen „Theologischen Wörterbuch"[10] erhält man die Auskunft, „das klassische Griechentum" kenne „keine Sünde im Sinne der Feindschaft gegen Gott".

Es ist schwer begreiflich, wie solche Thesen sich historisch aufrechterhalten lassen sollen – selbst wenn es kein anderes Gegenargument gäbe als die zweifellos uralte, ausdrücklich auf Homer zurückgreifende Erzählung im platonischen Symposion, welche die zu Anfang der Menschengeschichte geschehene, mit ihrer Bestrafung auf alle folgenden Geschlechter weitervererbte Ur-Sünde in schlechthin unmißverständlicher Rede so deutet, daß die Menschen in ihren „großen Gedanken" sich „einen Zugang zum Himmel bahnen wollten, um die Götter anzugreifen"[11]. – Aber auch die außerabendländische Überlieferung hält fast die gleichen Auskünfte bereit. Wer Lao-tse befragt oder Konfuzius, die Upanishaden oder die Hymnen des alten Ägypten, der bekommt gesagt: sittliche Schuld sei Störung des Himmelsweges, Erregung des Götterzorns, Verwirkung gottgesandter Strafe – was alles miteinander bedeutet, auch jenen weit entfernten Welt- und Zeitregionen könne der wahre Name der sittlichen Verfehlung nicht unbekannt geblieben sein. – Und wenn eine religionshistorische Monographie[12] die Situation der Sünde zusammenfassend als die des „Unheils" charakterisiert: Was sonst meint die Menschensprache mit dem Wort „Unheil" als den Verlust jener existentiellen Stimmigkeit, die wir „Heil" und „Heilsein" nennen, und die in der Sünde geschehende Zerstörung der letzten Konkordanz mit dem göttlichen Grunde des Daseins im Ganzen, kraft deren man sich selber und sein Bestes unverloren weiß?

Nach diesen Zwischenbemerkungen kann die bereits formulierte Frage wieder aufgenommen werden. Sie haben es hoffentlich etwas verständlicher gemacht, warum so ausführlich von den uneigentlichen Namen der sittlichen Fehlleistung geredet worden ist und warum nicht sogleich ihr wahrer und eigentlicher Name zur Sprache gebracht wurde. Genau darauf nämlich war es abgesehen, deutlich werden zu lassen: daß der Charakter der Gottwidrigkeit nicht sozusagen „von außen", rein von der Theologie her, dem menschlichen Verschulden zugesprochen wird; daß vielmehr der Verstoß gegen Gott *in* jenen drei, für das durchschnittliche Denken offenbar zunächst plausibleren Kennzeichnungen bereits mitgedacht und das im Grunde wahrhaft Gemeinte ist; daß der eigentliche Name der Sünde eben *nicht* etwas „ganz anderes" besagt und etwas „völlig Neues", das mit ihren uneigentlichen Namen überhaupt nichts zu tun hat. Mit einem Wort: die These, der „natürliche Mensch" wisse nichts von der Sünde, erweist sich, über ihre bloß historisch-faktische Unrichtigkeit und Widerlegbarkeit hinaus, als etwas, anthropologisch gesehen, so Unwahrscheinliches, daß sie von Anfang an keine Zustimmung verdient.

Freilich kompliziert sich der Sachverhalt noch einmal dadurch, daß die sittliche Fehlleistung tatsächlich mit einer gewissen Notwendigkeit die Ignorierung ihres eigenen wahren Namens miteinzuschließen scheint[13]; gerade wer schuldig geworden ist, wehrt sich dagegen, seine Tat einen Verstoß gegen Gott (und letztlich gegen ihn allein) zu nennen und sie bei diesem Namen rufen zu lassen. Erst in der Umkehr sagt man: *Tibi soli peccavi* (Ps 50,6), einzig Du bist es, gegen den ich gesündigt habe. – An diesem Punkt wird ein Zipfel der Schwierigkeit sichtbar, wie im konkreten Fall die Sünde überhaupt als Sünde zu erkennen sei. Die von Goethe[14] formulierte, niemandem unvertraut gebliebene Erfahrung, daß wir „einen Fehler nicht eher einsehen [können], als bis wir ihn los sind“ – diese Jedermanns-Erfahrung reicht nämlich noch einige Stockwerke tiefer, als man es zunächst vermutet. Bei Simone Weil findet sich hierzu die folgende bedenkenswerte Anmerkung: „Die Erfahrung des Guten gewinnt man nur, indem man es vollbringt ... Wenn man das Böse vollbringt, dann erkennt man es *nicht* – weil das Böse das Licht scheut.“[15]

Man mag vielleicht diesen Gedanken mit spontaner Zustimmung akzeptieren. Dennoch bleibt die sich gleichfalls auf Erfahrung, auf eine möglicherweise weniger tiefdringende Erfahrung berufende Frage, ob der Mensch denn normalerweise überhaupt an Gott denke in seiner sittlichen Verfehlung und wieso dann also diese, bei ihrem wahren Namen gerufen, ein gegen Gott gerichtetes Tun sein könne. Außerdem, wie soll einer sich dies *„contra Deum“* konkret vorstellen? Die Überlieferung antwortet, wie man weiß, mit mehreren Begriffen und Bildern: Beleidigung, Ungehorsam, Abwendung, Verachtung. Aber stehen diese Vorstellungen nicht zu Recht ausnahmslos im Verdacht, allzu sehr nach menschlichem Maß, allzu „anthropomorph“ gedacht zu sein? Kann Gott überhaupt etwas „angetan“ werden durch eines Menschen Wollen oder Tun? Wie soll Gott durch „Verachtung“ von seiten des Menschen „beleidigt“, ja auch nur erreicht werden können? – Nun, solches ist natürlich auch niemals von einem Theologen behauptet worden! „An sich betrachtet, vermag das Tun des Menschen Gott weder etwas zu verschaffen noch ihm etwas zu entziehen“ – so zu lesen zum Beispiel bei Thomas von Aquin[16], der sogar überdies den Satz wagt, daß genaugenommen nicht einmal dann etwas gegen den Willen Gottes geschehe, wenn der Mensch sich ausdrücklich gegen ihn stelle: „Die Absicht Gottes wird nicht vereitelt, *non frustratur,* weder in denen, die sündigen, noch in denen, die das Heil erlangen“[17] – ein kaum auslotbarer Gedanke, worin sich wieder einmal der Unterschied zwischen „Problem“ und „Geheimnis“ in die Erinnerung bringt.

Aber natürlich steht hier auch gar nicht zur Diskussion, was etwa die sittliche Verfehlung, sofern sie ein *actus contra Deum* ist, für Gott, sondern was sie für den Menschen bedeute, für seine innere Existenz. Und auch hierüber läßt sich die große abendländische Theologie sehr dezidiert vernehmen: „Niemand kann, an sich betrachtet, Gott Ehre oder Unehre antun; dennoch ist es genau dies, das wir, soweit es auf uns ankommt, wirklich tun, wenn wir ihm unseren Willen hingeben oder verweigern.“[18] Doch ist auch damit die Zweifelsfrage keineswegs aus der Welt geschafft, ob es denn nicht, rein empirisch betrachtet, ganz anders aussehe mit der menschlichen Schuld; wo denn da im durchschnittlichen Fall auch nur der Schatten eines Gedankens an Gott zu entdecken sei; man habe den eigenen Nutzen im Sinn, Geltung, Macht, Genuß, aber doch nicht Gott, nicht einmal die Absicht, sich von ihm abzuwenden.

V

„Das Wesen der schuldhaften Verfehlung besteht in der willentlichen Abwendung von Gott"; *ratio culpae consistit in voluntaria aversione a Deo*[1]. – Dieser ungezählte Male abgewandelte Satz, das ist jedenfalls der Anspruch der großen Tradition, den sie unbeirrbar durchhält – dieser Satz, er allein, nennt endgültig beim eigentlichen, einzig den Kern der Sache treffenden Namen das, was im Innern des Menschen geschieht, wenn er, im strikten Sinn des Wortes, „sündigt". – Auf Anhieb möchte man wiederum, vom empirischen Befund her, wie er zunächst sich darstellt, nicht nur den Charakter der Gottwidrigkeit, wovon ohnehin noch einmal zu reden sein wird, in Frage ziehen, sondern auch und fast noch mehr die hier der Sünde zugesprochene Bauform der „willentlichen Abwendung", der *aversio*. Hat tatsächlich die sittliche Fehlleistung, wenn man das Phänomen psychologisch analysiert, die Beschaffenheit, Abwendung zu sein? Will man wirklich „von etwas weg" – oder nicht vielmehr „zu etwas hin"? Geht es nicht, im durchschnittlichen Fall, so zu, daß der Mensch, indem er tut, was er nicht tun sollte, gerade etwas *haben* will? Der Ungerechte nimmt sich, was einem anderen gehört; der Zuchtlose will Prestige, Rache, Sinnenrausch; man lügt um des eigenen Nutzens willen oder weil man bewundert zu werden wünscht. Wo ist in alledem auch nur eine Spur von willentlicher Abwendung? Geschieht nicht, im Gegenteil, menschliche Schuld primär in Gestalt der Hinwendung zu etwas, auf die Weise der *conversio* also und nicht der *aversio*?

Es wäre in der Tat unbegreiflich, wenn ein so offenkundiger Sachverhalt den Alten nicht gleichfalls durch den Sinn gegangen sein sollte. Und natürlich ist es ihnen völlig vertraut, daß in der Sünde des Menschen faktisch immer beides sich verknüpft: die Hinwendung und die Abwendung.[2] Thomas sagt sogar ausdrücklich: „Alle Sünde besteht in dem Verlangen nach einem vergänglichen Gut."[3] Aber er beharrt zugleich darauf, es sei nicht diese Hinwendung, wodurch menschliches Tun in Wahrheit schuldhaft werde; es stecke zwar in jeder Sünde das Element des Haben- und Genießenwollens, doch werde sie dadurch nicht endgültig schlimm; es mache sie nicht schon zur Sünde im strikten Sinn; formell erfülle sich dieser Begriff erst in der Abwendung.[4]

Daß gerade Thomas von Aquin mit solchem Nachdruck auf dem Abwendungscharakter der Schuld besteht, begreift wohl nur, wer diese seine These verknüpft sieht mit der von ihm, wie ich glaube, konsequenter als von irgendwem sonst in der christlichen Theologie durchgehaltenen Konzeption von der Kreatürlichkeit des Menschen wie der Welt. Diese Konzeption besagt, es gebe in der Welt schlechterdings nichts, das nicht vom *Creator* gewollt, bejaht, schöpferisch geliebt wäre und also seinshaft gut – und dies aus keinem anderen Grunde, als weil es „ist". Folglich kann auch nichts Wirkliches gedacht werden, durch dessen Bejahung ein menschliches Tun oder der Mensch selber „böse" zu werden vermöchte. Von der Realität der Welt, von den möglichen Gegenständen der Zuwendung her oder durch diese Zuwendung selbst kann also einer menschlichen Tat niemals der Charakter des endgültig Schlimmen, der Schuld, der Sünde zukommen. Der Gedanke anderseits einer sozusagen vom „Material" her bedingten Sündigkeit ist beileibe nicht „aus der Welt". Schließlich ist der Manichäismus nicht eine auf bestimmte Jahrhunderte oder Weltgegenden beschränkte Häresie; wie alle großen Irrtümer begleitet er vielmehr als ständige Versuchung und Gefahr den geschichtlichen Menschen, besonders aber die Christenheit. Für den Manichäismus ist die Frage, worin das Sündhafte der Sünde liege, natürlich leicht beantwortbar: Es liegt in eben der Zuwendung zum Sinnlich-Materiellen, das in sich selber schlecht ist und also auch den Menschen „befleckt". Diese Antwort ist jedoch klarerweise völlig undiskutierbar für jeden, der mit Thomas, aber auch mit dem Neuen Testament der Überzeugung ist, daß „alle Kreatur Gottes gut" ist (1 Tim 4,4).

Das aber ist erst die eine Seite der Münze. Die andere ist, daß der Satz von der seinshaften Gutheit der Kreatur nicht allein in bezug auf die uns begegnende, „objektive" Welt der Sachen, der „Güter", seine Gültigkeit hat, sondern nicht minder in bezug auf uns selbst wie unser Tun, auch in bezug auf den Akt des Wollens also in der allerinnerlichsten Zelle unserer Freiheit; er gilt sogar für die sündhafte Tat. Ungeheuerlicherweise. Aber Thomas ist konsequent genug, auch dies ohne Scheu auszusprechen: „Die bösen Taten sind gut und von Gott – sofern das zur Rede steht, was darin an Sein ist."[5] – Nicht nur also gibt es in der objektiven Wirklichkeit nichts seinshaft Schlechtes, dem der Mensch sich zuwenden könnte; sondern auch die Kraft des Wollens selbst ist von solcher Art, daß sie unmöglich das Böse formell in Gestalt positiver Hinwendung wollen kann[6]. „Das Böse wird nicht erstrebt in der Weise der Hinwendung zu etwas, sondern in der Weise der Abkehr von etwas; so sagt man ja auch, etwas sei ‚gut' kraft der Teilhabe am Guten und etwas sei ‚böse' kraft des Sich-Entfernens vom Guten"[7] – und nicht etwa „kraft der Teilhabe am Bösen"!

Wer also, das Tun der Menschen, auch das eigene, betrachtend, einzig den Aspekt der Zuwendung, des Hin-Wollens, der

Bejahung ins Auge faßt (den es ja auch in der Sünde sehr wohl gibt: zugegebenermaßen ist da immer „das Verlangen nach einem vergänglichen Gut“[8]) – wer allein diese Seite sieht und bedenkt, vermag, höchst erwartbarerweise, das Eigentliche der Sünde gar nicht zu fassen; das im strikten Sinn „Böse“ an ihr bekommt er überhaupt nicht zu Gesicht. Und so kann er gar nicht anders, als sie, die Sünde, für etwas im Grunde Harmloses zu halten.

(„Was denn wollen die Menschen wirklich, indem sie angeblich ‚sündigen‘? Sie wollen am Leben bleiben und das Leben genießen! Warum eigentlich sollen sie das nicht dürfen?“)

Keine Hinwendung des Willens zu irgendwelchen Gütern der Welt, so ist es in der Tat gemeint, könnte im strikten Sinn Sünde sein, wenn nicht zugleich mit dieser Hinwendung, oder ihr voraus und zuvor, eine Abkehr geschähe, die willentliche Abwendung von Gott. – Doch ist dies Beieinander von Hinkehr und Abkehr natürlich nicht so zu denken, als würden in der konkreten schuldhaften Tat zwei voneinander unabhängige Akte vollzogen, von denen der eine, die Abwendung von Gott, das eigentlich Böse der Sünde begründe und ausmache, während der andere Akt, die Hinwendung zu geschöpflichen Gütern, etwas dem zum Trotz Gutes bleiben könne. Vielmehr verflechten sich beide Aktsträhnen zu der *einen* schuldhaften Handlung[9]; auch die Hinwendung wird verkehrt, nicht freilich durch sich selbst und „von sich aus“, sondern kraft der sie von innen her prägenden Abwendung, kraft der willentlichen Abkehr von Gott.

An diesem Punkt meldet sich noch einmal die Frage, ob ich wirklich schon von Gott reden muß, um sagen zu können: Hier versündigt sich einer und tut schreiendes Unrecht – indem er, zum Beispiel, hemmungslos genießend nicht nur die Herrschaft über sich selbst (und sein Auto) verliert, sondern außerdem seine Familie in Not bringt. Ist das nicht, in sich selbst und sozusagen rein „innerweltlich" betrachtet, „Sünde und Schande"? Brauche ich, um so sprechen zu können, wirklich die Theologie? Gibt es also, anders ausgedrückt, nicht doch eine Weise der Zuwendung zu „geschöpflichen Gütern", die als solche bereits „nicht in Ordnung" ist, schlimm, böse und strikten Sinnes „Sünde"? – Lassen wir einmal die Möglichkeit auf sich beruhen, daß solch eine maßlose „Zuwendung zu ..." vielleicht immer schon, mindestens unausdrücklich, die Verneinung einer absoluten Norm und Ordnung und also eine „Abwendung von ..." enthält. Und nehmen wir an, es könnte tatsächlich eine in sich selbst zwar ungeordnete Zuwendung zu geschöpflichen Gütern geben *ohne* irgendeine darin einbeschlossene, gegen den Schöpfer selbst gerichtete Verneinung – übrigens bin ich hier unversehens dabei, nahezu wörtlich Thomas zu zitieren: „Gesetzt den Fall, es gäbe eine ungeordnete Hinwendung zu einem vergänglichen Gut ohne Abkehr von Gott, dann wäre sie nicht eine tödliche Sünde"[10], obwohl, wie gesagt, bestehen bleibt, daß jene Hinwendung „nicht in Ordnung" wäre, *quamvis esset inordinata*[11].

Zum ersten Mal taucht hier das Wort vom *peccatum mortale* auf, von der „Todsünde" also oder, wörtlicher übersetzt und weniger abgenutzt, von der „tödlichen Sünde". Die Frage, was darunter des genaueren zu verstehen sei, ist damit dringlich geworden. Doch vor dem Versuch einer Antwort sollten noch zwei andere, konkretere Namen in die Erinnerung gerufen und bedacht werden, welche die Tradition zur Benennung jener beiden Aspekte der sittlichen Verfehlung bereithält: *cupiditas* und *superbia*. „Der Name *cupiditas* bezeichnet die Sünde unter dem Gesichtspunkt der Hinwendung zu einem vergänglichen Gut; der Name *superbia* bezeichnet sie unter dem Gesichtspunkt der Abkehr von Gott."[12] In jeder Sünde, heißt das, sei immer beides miteinander verflochten und verknüpft, ein Element von *cupiditas* und ein Element von *superbia*. Während das deutsche Wort „Hochmut" ziemlich genau das mit *superbia* Gemeinte trifft, ist es einigermaßen schwierig, *cupiditas* zutreffend zu verdeutschen. „Begehrlichkeit" ist, fürchte ich, ein zu wenig frisches Wort, als daß es seinen Platz im lebendigen Sprechen behaupten könnte. Gemeint ist das schon verdorbene Haben- und Genießenwollen, verdorben durch den Hochmut, der, als Abkehr von Gott, die Sünde erst zu dem endgültig Schlimmen macht, das sie ist.

Je weniger also in einer konkreten Tat das Element „Hochmut" realisiert ist und je mehr die *cupiditas* die Szene beherrscht, die Begierde und das Verlangen nach Stillung – desto geringer die Schuldhaftigkeit. Je „geistiger" anderseits ein Mensch, je mehr er auf Grund von Askese und Willenszucht dem Zauber der sinnlichen Welt gegenüber unverführbar geworden ist, desto mehr wächst für ihn die Möglichkeit, nun erst *die* Untat schlechthin begehen zu können, die Sünde unvermischter Hybris und des blanken Hochmuts. Wenn alle Kräfte meines Wesens mir gehorchen, dann erst erhebt sich eines Augenblicks die Frage: Wem gehorche nun ich selbst? – Hier rückt etwas zunächst vielleicht Erstaunliches in Sicht: daß nämlich einzig ein rein geistiges Wesen in solch extremem Sinne schuldig werden könnte. Natürlich kann es nicht Sache des Philosophierenden sein, von sich aus etwa über die Engel und ihre Sünde zu sprechen. Dennoch erfährt möglicherweise auch die philosophische Frage nach dem Wesen menschlicher Schuld eine tiefere Klärung, wenn man die theologische Auskunft zur Kenntnis nimmt, wonach die erste Sünde der Engel schlechterdings keine andere habe sein können denn eine Sünde des Hochmuts.[13] Diese Auskunft gibt nämlich auch in bezug auf des Menschen Sünde das einigermaßen Wichtige zu bedenken, ob nicht auch in ihr der Hochmut das Erste sein müsse, das *principium* – womit nicht so sehr das Früheste gemeint ist als vielmehr der innebleibende Ursprung. Das aber würde bedeuten, daß jede konkrete Schuld, sehr buchstäblich verstanden, „im Grunde" Hochmut und daß sie erst „aus diesem Grunde" wirklich Sünde sei.

Wiederum ist, wenn dies zutrifft, festzustellen, daß es für das durchschnittliche Selbstverständnis des Menschen offenbar sehr schwer zuwege zu bringen ist, die Sünde überhaupt als Sünde in den Blick zu bekommen. Zunächst jedenfalls läßt es sich kaum bestreiten, daß wir fast außerstande sind, im konkreten Phänomen menschlicher Schuld, auch der eigenen, das Element *superbia* auch nur zu vermuten. Dabei nehmen wir an, daß wir keineswegs darauf aus sind, uns etwa zu entschuldigen; im Gegenteil, wir denken nicht daran, es als „halb so schlimm" zu betrachten, in einer bestimmten Situation nicht die Wahrheit gesagt oder das Vertrauen eines uns nahe verbundenen Menschen getäuscht zu haben; nichts daran soll beschönigt werden. *Aber*: Wieso in aller Welt impliziert dieses zweifellos schmähliche Versagen auch nur eine Spur von Hochmut? Eben das vermögen wir, auf den ersten Blick jedenfalls, genausowenig zu bemerken wie daß wir, *in* jener Lüge, uns irgend willentlich von Gott sollten abgewendet haben. Daß beides miteinander zusammenhängt und fast ein und dasselbe sein kann, mag uns durchaus einleuchten. Aber auf welche Weise hätten wir uns dessen schuldig gemacht?

Auf diese Zweifelsfrage versuche ich mir selber folgendermaßen zu antworten: Natürlich ist es unmöglich, die Abwendung von Gott formell und ausdrücklich zu wollen; als sie selber also können wir sie gar nicht, wie sonst ein Ziel, ins Auge fassen. Aber wäre es wirklich jenseits des Menschenmöglichen, sie dennoch zu wollen – unter dem tarnenden Kennwort *„Freiheit"* zum Beispiel, unter einer Maske also, die uns wohl kaum völlig undurchschaubar sein kann? Dies jedenfalls geben uns die großen theologischen Magister zu bedenken; möglicherweise, so sagt etwa Thomas, könne die Abkehr von Gott selber Ziel werden, „sofern sie begehrt wird unter dem Bilde der Freiheit, *sub specie libertatis*, gemäß dem Worte des Jeremias: ‚Seit je hast du das Joch zerbrochen, die Bindung zerrissen und gesagt: *non serviam*, dienen werde ich *nicht*!' (Jer 2,20)."[14] Ebenso gehört in den Kreis der überlieferten Vorstellungen der Gedanke, unser Habenwollen, möge es sich nun auf Genuß richten oder auf Ehre, Besitz, Macht, wurzle letztlich in nichts anderem als in übermäßiger *Eigenliebe*[15].

Um aber dies plausibel oder gar einleuchtend finden zu können (wieso solche uneingeschränkte Eigenliebe und das prinzipiell bindungslose Freiheitsverlangen tatsächlich und sogar notwendig einen Angriff auf Gott implizieren), ist es unumgänglich, sich noch tiefer auf das mit der Kreatürlichkeit des Menschen wahrhaft Gemeinte einzulassen; anders ausgedrückt: Dazu muß der Mensch seine eigene Situation inmitten der Wirklichkeit insgesamt mit allen Konsequenzen „realisiert" haben. Angesichts der Herausforderung aber, mit der ihn dann diese Einsicht konfrontiert, kann es für ein radikales, vor nichts zurückschreckendes, wahrhaft „existentielles" Denken nur zwei mögliche Antworten geben: entweder ein klares „Ja" oder ein klares „Nein" [wie etwa Jean Paul Sartre es vollzogen hat]; alle Zwischenpositionen erweisen sich dann als Unentschiedenheiten. Das Besondere aber der Kreatürlichkeit des Menschen liegt darin, daß er – anders als Kristall, Baum oder Tier – „Ich-Selbst" sagen kann und also, sobald er den ihm eigenen *status* in kritischer Bewußtheit erkennt (einerseits Kreatur zu sein und anderseits ebendiese Tatsache in freier Entscheidung sowohl akzeptieren wie auch abweisen zu können), sogleich vor der Alternative steht – man könnte jetzt sagen: sich selbst zu wählen oder Gott; doch das wäre eine unerlaubte Vereinfachung; die wirkliche Alternative sieht vielmehr so aus: *entweder* Selbstverwirklichung als Hingabe an Gott, das heißt in Anerkennung der eigenen Kreatürlichkeit; *oder* „absolute" Selbstliebe und der Versuch einer Selbstverwirklichung auf Grund der Leugnung oder Ignorierung der Tatsache, Kreatur zu sein. Dies ist *die* fundamentale Entscheidung *in* sämtlichen konkreten Entscheidungen, ihnen allen voraus und zuvor. Und die Entscheidung für die „absolute" Eigenliebe, für die Freiheit also in diesem gleichfalls „absoluten", das heißt aus aller Proportion zur Realität herausfallenden, von ihr abgetrennten Sinn – ebendiese Entscheidung ist die Ur-Sünde, die zugleich früheste, welche jemals begangen worden ist, und der, wie schon gesagt, innebleibende Ursprung aller konkreten Schuld.[16]

C. S. Lewis hat in seinem großartigen Buche „Über den Schmerz"[17] den Versuch unternommen, sich selbst und seinen

Lesern die Sünde des paradiesischen Menschen als etwas einigermaßen Vorstellbares vor die Augen zu bringen. Ursprünglich, so sagt er, habe die Selbsthingabe des Menschen an Gott keinen inneren Kampf gefordert; vielmehr sei sie so etwas gewesen wie „die köstliche Bezwingung einer winzigen Selbstanhänglichkeit, deren Entzücken es war, überwunden zu werden – wovon wir noch jetzt eine blasse Analogie erkennen in der verzückten wechselseitigen Selbsthingabe der Liebenden“[18]. Eines Augenblicks aber hätten die Menschen verlangt, „ein ‚Ihriges‘ zu haben, von dem sie dann zweifellos Gott einen einigermaßen vernünftigen Tribut zahlen würden, in Gestalt etwa von Zeit, Aufmerksamkeit und Liebe, der aber nichtsdestoweniger *ihr* Eigentum wäre und nicht seines. Sie wollten ‚ihre Seele zu eigen haben‘. Das aber heißt: eine Lüge leben. Denn unsere Seele ist tatsächlich nicht unser Eigentum. Sie wollten einen Winkel im Universum, von dem her sie zu Gott sprechen könnten: ‚Dies ist unsere Angelegenheit und nicht deine‘. Solch einen Winkel aber gibt es nicht.“[19]

Wer dies meditierend erwägt, dem mag es schon als ein nicht so völlig unvollziehbarer Gedanke erscheinen, daß unter der Maske von Eigenliebe oder Freiheitsverlangen sich in Wahrheit selbstherrlicher Widerstand gegen Gott verbergen und sich behaupten könnte, die *superbia* also und die *aversio voluntatis a Deo*. Genau hierin aber besteht bekanntermaßen das Wesen der Sünde im strikten Sinn, welche in der europäischen Denktradition „tödliche Sünde“ heißt.

VI

Vermutlich ist man nicht darauf gefaßt, daß es wirklich die „europäische Denküberlieferung“ ist und nicht nur die *christliche* Lehrtradition, worin die Vorstellung sowohl der tödlichen Sünde wie auch ihres weniger schlimmen Widerparts entwickelt und formuliert worden ist. Doch findet sich schon bei Platon, in seiner Interpretation eschatologischer Mythen, eine Begrifflichkeit, die fast identisch ist mit der hier zur Rede stehenden Unterscheidung. Sokrates spricht von Menschen, die „heilbare“, und von solchen, die „nicht-heilbare“ Vergehen begangen haben und so auch selber „unheilbar“ geworden seien.[1] Auch im alten Rom ist, vor allem in bezug auf den kultischen Bereich, von dem Unterschied zwischen „sühnbaren“ und „nicht-sühnbaren“ Untaten die Rede.[2] Die Frage, wodurch sich inhaltlich die heilbaren und sühnbaren von den unheilbaren und nicht-sühnbaren Vergehen unterscheiden oder was etwa der Grund für die Unheilbarkeit sein könnte, braucht jetzt nicht erörtert zu werden. Von einigem Interesse dagegen scheint mir zu sein, daß ein Mann wie Thomas von Aquin mit fast den gleichen Worten wie auch Platon die „tödliche“ und die „läßliche“ Sünde einander entgegensetzt – ein Begriffspaar, das, wie jedermann weiß, dem Menschen dieser unserer Zeit nahezu unkenntlich geworden ist hinter einer Wolke von Mißdeutung und Gelächter. Thomas also sagt, es handle sich um die Entgegensetzung: *reparabile – irreparabile*[3], „wiederherstellbar – nichtwiederherstellbar“, zu heilen – nicht-zu-heilen. Die Übereinstimmung des Grundgedankens setzt sich durch bis in das Vokabular. Zum Beispiel gebrauchen die Griechen gleichfalls, in diesem Zusammenhang, das Wort „läßlich", „verzeihlich", *syngnomonikón;* es ist Aristoteles, der in seiner Nikomachischen Ethik[4] von „verzeihbaren", etwa aus Unwissenheit begangenen, und „nicht-verzeihbaren" Vergehen spricht. Über die Instanz freilich, die etwa Verzeihung gewähren oder auch verweigern könnte, erfährt man bei dem antiken Philosophen kein Wort. Immerhin sagt er hinreichend deutlich, es gebe Vergehen von solcher Art, daß sie Verzeihung verdienen, und andere, die sie nicht verdienen.

Eine noch gründlichere Überraschung allerdings steht einem bevor, wenn man nun zu ermitteln versucht, was in der großen Theologie der Christenheit die Unterscheidung zwischen *peccata mortalia* und *peccata venialia,* zwischen „tödlichen" und „läßlichen" Sünden, des genaueren besagt. Mit einer gewissen Selbstverständlichkeit hat man angenommen, es sei hier von einer „Einteilung" die Rede, sozusagen von der Aufgliederung einer Gattung in Arten – so wie die logische Gattung „Baum" verschiedene Arten von Bäumen deckt (Buchen, Birken, Eichen), wobei dann jede besondere Art den Gattungsbegriff „Baum" eindeutig erfüllt, das heißt, die Buche genau so sehr „Baum" ist wie die Birke und die Eiche. Nun, diese Meinung, so naheliegend sie sein mag, wird durch Thomas von Aquin schlichthin für falsch erklärt: „Die Einteilung der Sünden in tödliche und läßliche ist *nicht* die Einteilung einer Gattung in Arten, die gleichermaßen am Gattungsbegriff teilhaben."[5] Das besagt, die „tödliche" Sünde sei gerade nicht im gleichen Sinn Sünde wie die „läßliche"! Sondern? „Tödliche und läßliche Sünden unterscheiden sich innerhalb der Gattung ‚Sünde' wie das Vollkommene und das Unvollkommene."[6] Anders gesagt: Die „läßliche" Sünde ist gar nicht Sünde im kompletten, unverkürzten Sinn; die *perfecta ratio peccati,* der unabgeschwächte, völlig radikale Begriff „Sünde“ ist allein in der „tödlichen“ Sünde realisiert.[7] – Es ist also beileibe nicht wenig, das in der gängig gewordenen Vorstellung zunächst einmal zurechtgerückt werden muß, damit der Blick frei wird auf das in der traditionalen Lehre von der Sünde wahrhaft Gemeinte.

Aber vermag denn, fragt man sich, der Christ im gleichen Sinn wie Platon und Aristoteles von „unheilbaren“, „unverzeihlichen“ Verfehlungen zu sprechen? Ist für ihn überhaupt eine menschliche Schuld denkbar, die schlechterdings nicht vergeben werden kann? Dem vorchristlichen Menschen, genauer gesagt, dem Menschen außerhalb der biblischen Tradition, ist eine Antwort auf diese Frage versagt; auch die Weisheit der großen Philosophen bleibt hier notwendig ratlos und stumm. – Thomas anderseits ist davon überzeugt, und er spricht es auch aus: Jede Sünde des Menschen dürfe insofern „läßlich“, ein *peccatum veniale,* genannt werden, als ihr in der Tat Vergebung zuteil werden könne.[8]

Dennoch bleibt er dabei, die „tödliche“ Sünde „irreparabel“ zu nennen; das soll heißen: von *innen* her, aus der eigenen Kraft des in seiner Schuld Verharrenden sei eine Heilung nicht möglich – wie wir ja auch eine Krankheit „tödlich“ nennen, wenn sie durch den Kranken selbst, weil das Prinzip des Lebens gefährdet und betroffen ist, nicht mehr überwunden werden kann. – Es gibt verschiedene Analogien, die den Sachverhalt verdeutlichen mögen. Steckt zum Beispiel, bei einer Rechenoperation, der Fehler im allerersten Ansatz, im „Prinzip“, dann ist er durch kein noch so häufiges Nachrechnen zu entdecken; er kann nur „von außen her“ gefunden und beseitigt werden, das heißt, indem man sich aus dem Kontext der Rechenoperation völlig hinausbegibt; ebendies freilich muß geschehen und möglich sein. „Ein Irrtum in den Konklusionen vermag von der Wahrheit der Prinzipien her korrigiert zu werden“[9], während ein im Prinzip selbst gelegener Fehler nicht gleichfalls von etwas Früherem her berichtigt werden kann – dieweil es dies Frühere nicht gibt. Ein anderer Vergleich: Es kann in einem Gemeinwesen, für den oberflächlichen Betrachter vielleicht kaum unterscheidbar, zweierlei Unordnung antreffbar sein: Die eine ist von innen her, aus eigenem, zu bereinigen; die andere nicht. Besteht die Unordnung darin, daß die geltenden Gesetze zwar gerecht sind, aber nicht streng genug durchgeführt und beobachtet werden, dann ist es möglich, sie, die Unordnung, von dem gesund gebliebenen Prinzip des bestehenden Rechtes her zu beheben. Natürlich heißt das nicht, das unter den Bedingungen der prinzipiellen Rechtsstaatlichkeit begangene Unrecht dürfe verharmlost werden – wie übrigens auch die „läßlichen“ Sünden keine leicht zu nehmende Sache sind. Schlechthin hoffnungslos anderseits ist der Fall erst, wenn die Unordnung auf in sich selbst ungerechten Gesetzen beruht. Solange es im NS-Deutschland die Rassendiskriminierung durch die „Nürnberger Gesetze“ gab oder solange sich ein Regime als „Diktatur des Proletariats“[10] versteht, konnte und kann die Ungerechtigkeit schlechterdings nicht aus Eigenem, nicht von innen her, bereinigt werden, weil das Schlimme nicht in den „Konklusionen“ steckt, sondern im „Prinzip“. – Da aber die schuldhafte Verfehlung des Menschen wesentlich eine Störung der personalen Verbundenheit mit Gott ist, läßt sich die Unterscheidung zwischen „tödlicher“ und „läßlicher“ Sünde wohl am zutreffendsten deutlich machen durch einen Vergleich mit dem, was unter Menschen, in Freundschaft oder Ehe, Tag für

Tag geschieht. Der holländische Theologe Piet Schoonenberg hat dies in einem kleinen Buch auf besonders überzeugende Weise gezeigt.[11] Unter Freunden oder Ehegatten pflegen im durchschnittlichen Falle gelegentliche Auseinandersetzungen und Konflikte die tiefere Bindung nicht schon zu gefährden oder auch nur zu berühren; keiner der Partner denkt daran, sich etwa von dem anderen zu trennen; „im Prinzip" ist alles in Ordnung. Es mag darüber hinaus auch einmal ernstere Störungen geben, einen schweren Vertrauensmißbrauch in der Freundschaft oder gar einen Ehebruch, wodurch die Verbundenheit in ihrem Kern betroffen und bedroht sein würde; dennoch müßte die Wiederherstellung der inneren Einheit, die Versöhnung, nicht schon ganz und gar ausgeschlossen sein, nicht „prinzipiell". Es kann freilich auch zum unheilbaren Bruch kommen, der die Partner zu von nun an endgültig „geschiedenen" Leuten macht; jeder ist für den anderen „tot". „Die gleichen Grade der Entfremdung sind auch denkbar im Verhältnis des Menschen zu Gott."[12] Und es bedarf keines weiteren Wortes, welchen Grad der Entfremdung die „tödliche" Sünde darstellt.

Auf Grund des holländischen Sprachgebrauchs fügt übrigens der Autor noch eine den Sachverhalt unvermutet erhellende Bemerkung hinzu.[13] Die Holländer sprechen, statt von den „läßlichen", von den „täglichen" Sünden, womit sie die geringfügigeren Verfehlungen meinen, wie sie uns jeden Tag unterlaufen, die aber keine endgültige Bedeutung haben, weil durch sie die Verbundenheit mit Gott im Grunde nicht gestört wird. Und nun heißt es weiter: Möglicherweise gebe es auch „tägliche" Guttaten, die sehr wohl zusammen bestehen könnten mit einem „im Prinzip" heillosen Bruch und also gleichfalls keine endgültige Bedeutung haben würden; wie eine Ehegemeinschaft, trotz der im Äußeren unverändert geübten Höflichkeit kultivierten Umgangs, im letzten hoffnungslos zerstört und tot sein könne, so auch sei ein Gottesverhältnis vorstellbar, worin sich eine gewisse „Anständigkeit“ im Unwesentlichen verbinde mit einer radikalen Abwendung und Verneinung, mit der „tödlichen“ Sünde also.

In der „läßlichen“ Sünde sind, genaugenommen, nicht wir selber es, die etwas tun; jedenfalls sind wir dabei nicht ganz und gar wir selbst. Der Name „Schwachheitssünde“ gibt ebendies zu verstehen: daß wir eher aus einem uns selbst überwältigenden Impuls handeln, mehr „hingerissen“ denn in voller Selbstmächtigkeit. Man könnte sagen, die „läßliche“ Sünde geschehe nicht eigentlich in der personalen Mitte unseres Wesens. Für die „tödliche“ Sünde dagegen trifft gerade das so sehr zu, daß diese Benennung den Alten noch nicht tief genug zu dringen scheint; so holen sie dafür eine im durchschnittlichen Sprachgebrauch gar nicht mehr anzutreffende, ungewöhnliche Vokabel hervor. Thomas sagt, die „tödliche“ Sünde trage sich zu „im Ewigen“ des Menschen, *in suo aeterno.*[14] Doch meint diese, in einem Buchtitel von Max Scheler Jahrhunderte später (1923) wieder auftauchende Wendung nicht irgend etwas romantisch Vages, sondern jenes innerste Gemach des Geistes, in dessen Schweigen die Stimme des absoluten Gesetzgebers allein vernehmlich wird und in welchem allein sie also auch angenommen oder abgewiesen werden kann.

Weil aber dies so ist, weil menschliches Schuldigwerden im vollen und strikten Sinn sich in der verschwiegensten Zelle der sich entscheidenden Person, *in suo aeterno,* ereignet, darum ist das *peccatum mortale,* die „tödliche“ Sünde, ein von Natur verborgener Vorgang. Mag es sich auch um einen offenbaren Verstoß gegen die Ordnung handeln, gegen die Natur der Sachen wie des Menschen selbst, gegen die Vernunft und vielleicht sogar gegen eine göttliche Satzung – ob solch ein Verstoß wirklich zugleich eine willentliche Abkehr von Gott selber ist, Sünde also im unverkürzten, strikten Sinn: Das zu beurteilen steht in keines Menschen Macht. Und vielleicht bleibt es nicht nur dem Blick jedes anderen unzugänglich, sondern auch dem reflektierenden Bewußtsein des Schuldigen selbst, seiner *ratio* (vielleicht!), wenngleich seinem „Herzen" kaum; Gott und das eigene „Herz" wissen um die Schuld.[15]

Das soll natürlich nicht heißen, es gebe nicht auch „objektive" Kriterien, nach denen vernünftigerweise zwischen schwerwiegenden und geringfügigen Vergehen unterschieden werden könnte. Jemanden um ein paar Pfennige übervorteilen und ein Treubruch in der Ehe – das sind Dinge von offenkundig sehr verschiedenem Gewicht; und im durchschnittlichen Fall ist dazu auch eine personale Entscheidung von höchst unterschiedlichem Ernst gefordert. Dennoch ist, wie Piet Schoonenberg mit Recht zu bedenken gibt[16], das äußere Tun immer nur ein Zeichen dessen, was im Innern des Menschen geschieht; und ein Zeichen ist stets beides zugleich: Kundgabe und Verhüllung. So ist, von innen betrachtet, ein „objektiv" schweres Vergehen, etwa die im Rausch maßlosen Zornes vollbrachte Tötung eines Menschen, möglicherweise keine bewußte Entscheidung gegen Gott, während die bloße Wegnahme eines Groschens das unter bestimmten Bedingungen sehr wohl sein kann.

Darum scheint es mir erwägenswert, ob man nicht übereinkommen sollte, sprachgebräuchlich zu unterscheiden zwischen „schweren“ und „tödlichen“ [„Tod“-]Sünden. Es läßt sich mit hinreichender Eindeutigkeit objektiv festlegen, wann ein schweres Vergehen vorliegt. Ob aber eine bestimmte menschliche Tat „tödliche Sünde“ ist, willentliche Abkehr von Gott – das vermag niemand zu ermessen, außer, wie gesagt, Gott selbst und, vielleicht, das eigene Herz. Die großen Lehrer der Christenheit haben das immer wieder einmal warnend gesagt: „Welches nun die Arten seien der Sünde ‚zum Tode‘ oder ‚nicht zum Tode‘ – das wird ein Mensch kaum zu entscheiden vermögen; denn es steht geschrieben: Wer hat Einsicht in die Sünden!“[17]

VII

Nun aber kehrt die bereits formulierte Frage zurück, inzwischen noch um ein Unendliches dringlicher, schwieriger und, so scheint es, geradewegs unbeantwortbar geworden: Wie soll die Sünde, von der wir sehr wohl wissen, daß der geschichtliche Mensch, daß also wir selber ihrer fähig sind, mag sie auch anderseits durch einen Dritten niemals *in concreto* identifizierbar sein – wie soll die willentliche Abkehr von Gott, die bewußte Verneinung des Sinngrundes unserer eigenen Existenz als etwas für uns ernsthaft in Betracht Kommendes überhaupt vorgestellt werden können? Auch wenn wir noch völlig aus dem Spiel lassen, was uns die Glaubenslehre zu bedenken gibt (daß zum Beispiel die Sünde jene Teilhabe am Leben Gottes zerstöre, welche in der Sprache der Theologie „Gnade" heißt; Joseph Matthias Scheeben[1] ist sogar der Meinung, eben deswegen seien, genaugenommen, Name und Begriff der „Todsünde" im Bereich der natürlichen Ethik gegenstandslos); und auch wenn wir absehen von dem, was die Herzenskenntnis der Heiligen oder der Dichter (wofern sie, mit Platon[2] zu reden, „göttliche" sind) über die Sünde sagt, daß sie etwa, wie es bei Georges Bernanos immer wieder heißt, eine Art Vampir sei, unstillbar in der Aufsaugung des Lebensblutes – selbst wenn wir diese Dimension der geglaubten Wahrheit und der dichterischen Schau noch gar nicht ins Auge fassen: das Phänomen der Sünde ist auch dann noch rätselvoll genug. Und erst wenn man, ohne Absicherung und Vorbehalt, das in der Tat Unbegreifliche, das im Akt der Sünde liegt, wahrgenommen hat, wird einem ein wenig verständlicher, daß die Menschen seit je den Versuch gemacht haben, auf das allzu Ungereimte in immer neuen und immer unzureichenden Antworten dennoch einen Reim zu finden. Der Antwort des Sokrates, die Ursache menschlicher Schuld müsse Unwissenheit sein, haben wir schon die Frage Kierkegaards entgegengesetzt: wieso dann überhaupt von Schuld die Rede sein könne. Immerhin steht auch bei Thomas von Aquin zu lesen: „In bestimmtem Sinne ist es wahr, was Sokrates sagt, daß nämlich niemand mit vollem Wissen sündige“[3]; „keine Sünde im Willen geschieht ohne eine irgendwie geartete Unwissenheit des Verstandes“[4]; „immer wird, wer das Böse will, unwissend genannt“[5]; „Verblendung, *excaecatio*, ist so etwas wie eine Voraussetzung der Sünde“[6]. Da Thomas aber natürlich zugleich davon überzeugt ist, daß es menschliche Verantwortung gibt und also Zurechenbarkeit und folglich mit Fug auch Strafe und Lohn, stimmt er dennoch dem biblischen Satze zu: „Wäret ihr blind, dann hättet ihr keine Sünde.“ (Joh 9,41)

Eine andere „Erklärung“ sagt, Gott selber sei die Ursache der Sünde, Gott oder ein böses Ur-Prinzip, mit dem er ewig im Kampfe liegt. Ein unmöglicher Ausweg, eher ein Fluchtweg, eine Sackgasse. Dennoch ist auch hier ein „Immerhin“ zu bedenken. Mutet uns nicht das heilige Buch der Christenheit gleichfalls die erschreckende Vorstellung zu, Gott selber habe das Herz des Pharao verhärtet (Ex 9,12)? Und was eigentlich bedeutet es genau, wenn wir beten: „Führe uns nicht in Versuchung“? – Auch Thomas gibt auf die Frage, wie die Verblendung des menschlichen Herzens zu erklären sei, die bestürzende Antwort: „Die Ursache des Entzugs der Gnade ist nicht allein der, welcher der Gnade widersteht; es ist auch Gott, der kraft seines richterlichen Urteils die Gnade nicht gewährt. Und, so gesehen, ist Gott die Ursache der Verblendung, der Taubheit im

Hören und der Verhärtung des Herzens."[7] Niemand, denke ich, wird sich davon dispensieren können, sich solch einen Satz, der natürlich selber nur der Versuch einer Antwort ist, ins Herz dringen zu lassen. – Zwar soll man sich beileibe nicht beirren lassen in der Überzeugung, es gehe im letzten sinnvoll zu in der Welt. Aber wo steht geschrieben, wir selber müßten den „Reim" finden oder gar aussprechen können?

In jedem Fall bleibt bestehen, daß es von Gott her so etwas wie richterliches Urteil, Sühne, Vergeltung, Strafe in einem irgend absoluten Sinne nur geben kann, wenn wirklich die Sünde genau das ist, was auch der Mensch selbst niemals endgültig hat vergessen oder ableugnen können: eine freien Willens in bewußter Absicht vollzogene Verfehlung wider den wahren Sinn des eigenen Daseins, gegen die Ordnung, gegen die Natur, gegen alle Vernunft und im Grunde gegen Gott selbst.

Wie aber, noch einmal, soll die Möglichkeit eines so ungeheuerlichen Aktes auch nur gedacht werden können – wofern man die Ausflucht ablehnt, Wirklichkeit und Existenz seien ohnehin ganz und gar absurd? Wie kann es sein, daß ich das Gute sehe und auch bejahe, aber dennoch das Böse tue – was schließlich nicht allein Paulus (Röm 7,15) feststellt und beklagt, sondern auch schon der römische Dichter Ovid[8]? – Der Hinweis auf eine menschliche Ursünde und eine Vererbung von Schuld und Strafe hilft uns, wie schon einmal gesagt, nicht eigentlich weiter. Allerdings sind Vorstellungen dieser Art ein Bestandstück aller menschheitlichen Überlieferung, nicht etwa nur der jüdisch-christlichen. Den im platonischen Symposion erzählten Mythos habe ich bereits erwähnt. Aber auch wenn Vergil die Treulosigkeit des Trojanerkönigs Laomedon die Wurzel aller späteren Übel nennt[9]; wenn Horaz den prometheischen Raub des Feuers als *die* Ur-Schuld versteht[10] und von der Ermordung des Remus sagt[11], Rom sei durch diese Bluttat vom Augenblick seiner Gründung an befleckt gewesen[12] – dann geschieht in alledem offenkundig nichts anderes, als daß man Ausschau hält nach der frühesten urzeitlich begangenen Sünde, die alle spätere Unstimmigkeit der Welt und auch alle nachfolgenden Verfehlungen verständlich machen soll. Und wahrscheinlich kann in der Tat kein Versuch, das Thema „Sünde" rundum abzuschreiten und auszumessen, von der Ur- und Erbsünde schweigen: „Ohne dies Geheimnis, das unbegreiflichste von allen, sind wir uns selber ... unbegreiflicher, als den Menschen dies Geheimnis unbegreiflich ist."[13]

Muß nicht der Philosophierende, falls er nicht bereit ist, auf die Auskunft der heiligen Überlieferung, auf eine über-rationale Auskunft also, zurückzugreifen – muß er nicht vielleicht wirklich kapitulieren angesichts der Frage nach der sozusagen metaphysischen Möglichkeit menschlicher Schuld? Immanuel Kant hat offenbar ebendies getan, indem er sagt: „Der Ursprung des Hanges zum Bösen bleibt uns unerforschlich."[14] Und er hat ohne Zweifel weiterhin recht, wenn er, übrigens in dem gleichen *opusculum*, darauf besteht, die Verweisung auf den versucherischen Dämon hinter der ersten Menschensünde vertage nur das Problem, löse es aber nicht: „denn woher bei jenem Geiste das Böse"?[15] – wozu übrigens der sich ansonsten durchweg abstrakt und trocken äußernde Kant anmerkungsweise die folgende Geschichte erzählt: „Der P. Charlevoix berichtet, daß, da er seinem irokesischen Katechismusschüler alles Böse vorerzählte, was der böse Geist in die zu Anfang gute Schöpfung hineingebracht habe und wie er noch beständig die besten göttlichen Veranstaltungen zu vereiteln suche, dieser mit Unwillen gefragt habe: aber warum schlägt Gott den Teufel nicht tot? – auf welche Frage er treuherzig gesteht, daß er in der Eile keine Antwort habe finden können."[16]

Nun, die hier geforderte Antwort wird so leicht niemand finden, und nähme er sich noch so viel Zeit. Sie müßte ja die Rätselfrage lösen, wie es zu denken sei, daß Gott freie Wesen, die kraft ebendieser Freiheit sich auch gegen ihn selbst zu wenden vermögen, überhaupt hat erschaffen wollen; und „erschaffen" heißt in der Tat ziemlich genau das Gegenteil von „totschlagen"; es heißt: bewirken, daß etwas „ist"!

Aber wäre nicht vielleicht gerade dies die gesuchte Antwort: Sünde ist möglich, weil die Menschen von Natur, das heißt von Schöpfungs wegen, *frei* sind? Der Anschein, es handle sich hier wirklich um „die" Antwort, ist leider trügerisch. Zwar klingt der Satz von Nicolai Hartmann beim ersten Hören recht plausibel: „Es gibt keine Freiheit zum Guten, die nicht zugleich Freiheit zum Bösen wäre"[17]; dennoch ist da eine unerlaubte Vereinfachung im Spiel. Träfe die These zu, dann wäre Gott nicht frei [und auch nicht, wovon freilich nur der Glaubende überzeugt sein kann, der zur letzten Vollendung gelangte Mensch]. Jedenfalls hat die abendländische Tradition in ihrer ganzen Breite über diesen Punkt anders gedacht. Thomas von Aquin spricht nur als einer ihrer Zeugen, wenn er sagt, sündigen zu können sei zwar eine Folge[18] oder auch ein Zeichen der Freiheit, *quoddam libertatis signum*[19]; aber „es gehört nicht zum Wesen des freien Willens, sich für das Böse entscheiden zu können"[20]; „das Böse zu wollen ist nicht Freiheit noch der Freiheit Teil"[21]. Entgegen dem üblichen Denkgebrauch könnte also gerade das Nicht-sündigen-Können als die Signatur einer höheren Freiheit gelten.

Aus der ganz und gar positiven Qualität der Freiheit kann, zusammenfassend gesagt, das Negative von Schuld und Sünde nicht erklärt werden. Und die von Thomas geäußerte Vermutung, die Möglichkeit der Sünde könne eher mit einem Defekt der Freiheit zu tun haben[22], scheint der Erfahrung des menschlichen Herzens nicht so fremd zu sein, wie man vielleicht denkt. In den Tagebüchern von André Gide, aus denen übrigens einen respektablen Traktat über die Sünde und das Böse, auch über „den" Bösen, zusammenzustellen ich mir durchaus zutrauen würde, findet sich jedenfalls die unerwartete Bestätigung: „Sünde ist, was man nicht frei tut."[23] Natürlich ist das eine überspitzte Sentenz; doch enthält sie ein notwendiges Korrektiv.

Freilich muß klarbleiben, daß die Sünde, mag sie auch, genaugenommen, nicht ein Akt der Freiheit sein, von nirgendwo sonst ihren Ursprung nimmt als aus dem Wollen des Menschen.[24] Dies also steht gar nicht zur Diskussion. Die Frage lautet vielmehr so: Wie ist eine vorsätzliche Abwendung des Willens von dem Inbegriff alles Guten, worauf er doch seiner Natur nach zielt, überhaupt denkbar? Wie ist es möglich, daß der Wollende seine Freiheit dazu mißbraucht, sich gegen das Gute zu entscheiden?

Diese beunruhigende Frage findet in der traditionalen Lehre vom Menschen, genauer gesagt, bei Thomas von Aquin, eine gleichfalls beunruhigende und zunächst einigermaßen verwirrende Antwort. Sie besagt, der Mißbrauch der Freiheit, die Abkehr von Gott, das Handeln wider Ordnung, Natur und Vernunft, die Sünde also, habe ihren Ermöglichungsgrund in nichts anderem als darin, daß der Mensch Kreatur ist: „Auf ihre Natur hin angesehen, vermag jegliche geistige Kreatur zu sündigen."[25] Seine Kreatürlichkeit also ist es, auf Grund deren der Mensch imstande ist zu sündigen.

Diesen Gedanken führt Thomas in zwei Argumentationsschritten durch. – Der *erste* betrifft, noch einmal, die rein formale Struktur der Fehlleistung; und zwar benennt er die generelle Voraussetzung, welche die Abweichung von einer Verhaltensnorm erst möglich macht. Es wird zunächst sehr konkret gesprochen, fast anschaulich: „Wäre die Hand des Künstlers (etwa des Holzschnitzers) selber das Richtmaß für die zu führenden Schnitte, dann könnte der Künstler gar nicht anders als den richtigen Schnitt in das Holz zu tun. Hängt aber die Rechtheit des Schnitts von einem anderen Richtmaß ab, dann kann er sowohl richtig wie auch falsch geführt werden."[26] Nun aber tritt, in der Weiterführung des Gedankens, der Wille an die Stelle der Hand – so daß jetzt die Sache sich so darstellt: Einzig *der* Wille, welcher selber das Richtmaß seines Wollens wäre, müßte mit Notwendigkeit, von sich aus und immer das Rechte wollen; eine Abweichung von der Norm wäre nicht einmal denkbar. Und es ist klar, daß allein der absolute, der göttliche Wille von sich aus das Richtmaß des eigenen Aktes ist.[27] Die Kehrseite der Münze ist deutlich genug: Das Wollen des Menschen kann, genau ebenso wie die von der Hand des Holzschnitzers zu führenden Schnitte, beides sein, richtig und falsch, gut und schlecht – und dies aus keinem anderen Grunde, als weil der Wollende ein nicht-absolutes, das heißt ein kreatürliches Wesen ist. – Der *zweite* Denkschritt führt noch unmittelbarer in den Kern des hier zur Rede stehenden Sachverhalts. Er hebt an mit dem Satz: „Die Kreatur ist dunkel, sofern sie aus dem Nichts stammt"[28] (ein befremdender Satz für jeden, der von dem Element der *philosophia negativa* in der Weltansicht des letzten großen Lehrers der noch ungeteilten abendländischen Christenheit nichts weiß[29]). Was sonst aber heißt „aus dem Nichts stammen", wenn nicht: „erschaffen sein"! Und ebendiese, aller Kreatur eigentümliche Herkunft aus dem Nichts – das ist die Meinung – sei der tiefste Grund für die Sünde-Fähigkeit des Menschen, für sein *posse peccare*. Nicht also, weil der Wille frei ist, sondern „weil der freie Wille aus dem Nichts stammt, darum ist es ihm eigentümlich, nicht von Natur im Guten beständig zu sein"[30]. Zugleich freilich wird gesagt, solche „Beugsamkeit zum Bösen" komme dem Willen zu „nicht kraft seines Ursprungs aus Gott, sondern kraft seines Ursprungs aus dem Nichts"[31].

An diesem Punkt läßt sich der Einspruch kaum unterdrücken: wie denn in der inneren Bauform des geschaffenen Wesens zwischen „Ursprung aus Gott" und „Ursprung aus dem Nichts" auf solche Weise solle unterschieden werden können, daß diese beiden Ursprünge zugleich *gegen* einander gestellt sind? Ist es nicht der *Creator* selbst, der die Dinge, indem er sie erschafft, aus dem Nichts in das Dasein ruft? – In der Tat scheint hier eine äußerste Grenze erreicht, jenseits welcher nicht nur die Sprache, sondern auch das Denken ins Unwegsame zu geraten beginnt.

Und zurückblickend auf unsere Ausgangsfrage, möchte man sagen, sie sei im Grunde ohne Antwort geblieben – wenn man unter einer „Antwort" eine Auskunft versteht, durch welche das Fragen zur Ruhe gebracht und gestillt wird. Eher handelt es sich um eine *reductio ad mysterium*, um eine Heranführung an die Grenze des Geheimnisses im strengen Sinn, welches selber nicht weiter aufgehellt, sondern nur entweder respektiert und verehrt oder geleugnet und abgewiesen werden kann.

VIII

Vielleicht ist es ein durch keine Zeitmessung faßbares Nu, worin sich der Willensentschluß zugetragen hat, der eine aus ihm erfließende Handlung von innen her zur sittlichen Fehlleistung macht, zur Sünde also. Dennoch gehört es zu den völlig undiskutierbaren Grundüberzeugungen der Menschheit, daß mit jenem Akt das Schlimme der Sünde nicht schon gleichfalls vergangen und „erledigt" sei, nicht einfachhin „vorbei". Offenbar ist die Sünde ihrer Natur nach nicht eingrenzbar auf die Zeitspanne des schuldhaften Aktes. Vielmehr kommt durch ihn etwas zustande, das bleibt und weiterhin besteht. Damit ist jetzt nicht nur die Tatsache gemeint, daß, zum Beispiel, eine wohlgezielte Verleumdung, die man mit einer knappen Bemerkung einmal unter die Leute gebracht hat, natürlich weiterhin ihre Wirkung tut, geglaubt und weitererzählt wird, dem Verleumdeten schadet – und so fort. Nein, ganz abgesehen von solchem, sich objektiv fortpflanzenden Weiterwirken und auch wenn diese Fortwirkung aus irgendeinem Grunde zufällig gar nicht stattgefunden hätte oder wenn die Sache im Dahingang der Zeit längst untergegangen wäre, vergessen nicht nur von den „Leuten", sondern vielleicht sogar von dem Verleumdeten selbst – es bleibt dennoch in der Seele des Schuldigen und an ihr etwas zurück, ein Versehrtsein, eine Wunde, eine Befleckung oder wie immer man das nennen mag. Die Alten gebrauchen hier in der Tat das Wort *macula*, Schandfleck, Makel. „Zweierlei ist an der Sünde zu bedenken: der schuldhafte Akt und die aus ihm sich herleitende *macula*" – so Thomas von Aquin.[1] Doch handelt es sich wiederum, wie schon gesagt, nicht um einen spezifisch christlichen Gedanken. In der mythischen Geschichte, die der platonische Sokrates zum Schluß des Dialogs „Gorgias“[2] erzählt, ist genau das gleiche gesagt: von Lüge und Zuchtlosigkeit, von Meineid und Gewalttat verbleibe in der Seele so etwas zurück wie Verkrümmtheit und Mißgestalt; und die Totenrichter gewahren an ihr Narben und Spuren wie von Geißelhieben.

Die Frage ist, von welcher Seinsart jenes Bleibende sei, für das sich in der Tradition eine Reihe sehr verschiedener Bezeichnungen findet. Offenbar ist es keine einfach zu benennende Realität. Ist es überhaupt eine „Realität“? „Nicht im positiven Sinn“ – so wird man sogleich durch Thomas beschieden: „nicht im positiven Sinn bleibt, nach dem Akt der Sünde, etwas zurück in der Seele“, *nihil positive remanet in anima*[3]; wohl freilich bleibe eine „Beraubung“ zurück, eine *privatio*, der Verlust von etwas, das nicht fehlen sollte.

Der Name *macula* könnte natürlich auch manichäisch mißdeutet werden, als habe sich die Seele durch die Berührung mit einer an sich selbst unreinen Wirklichkeit befleckt – wogegen Thomas sich sofort zur Wehr setzt: Nicht durch „niedere“ Dinge werde die Seele befleckt; eher sei es umgekehrt: „Die Seele befleckt sich selber durch ihr eigenes Tun.“[4] – Bedenkenswerter scheint mir zu sein, wie diese Befleckung, völlig im Einklang übrigens mit dem Hintergründigen des alltäglichen Denk- und Sprachgebrauchs, näherhin gedeutet wird: durch die Entgegensetzung zum Licht und seinem Glanz. Wie man von einem „Flecken“ rede, wenn ein Kleid oder auch ein goldenes und silbernes Gerät an einer Stelle seinen Glanz verloren habe, so auch könne die menschliche Seele um ihren Glanz gebracht werden; der aber rühre her vom Licht der natürlichen

Vernunft wie auch vom göttlichen Licht. Ebendas nun sei die *macula*, das Bleibende an der Sünde: die Verdüsterung ihrer von diesem zweifachen Licht herrührenden Helligkeit. „Kehrt aber der Mensch, kraft der Gnade, zurück zum Lichte der Vernunft und zum göttlichen Lichte, so wird die *macula* gelöscht."[5] – Das Wort von der Rückkehr ruft ein anderes Bild hervor, womit das Bleibende der Sünde gleichfalls benannt zu werden pflegt: die Gottesferne, die *distantia a Deo*[6]. Die *Bewegung* des Sich-Entfernens, die den Akt der Sünde ausmacht, hört zwar eines Augenblicks auf und ist dann Vergangenheit; das Entfernt*sein* aber ist weiterhin Präsens; es wird nicht schon dadurch aufgehoben, daß man stehenbleibt. – Und wenn wirklich die tödliche Sünde den Menschen ausschließt vom Reiche Gottes[7], so daß er nun also „draußen" ist (was immer das des näheren besagen mag), dann kann dieses zunächst einmal währende Faktum des „Draußenseins" nicht allein durch das Aufhören oder Vergessenwerden des schuldhaften Aktes aus der Welt geschafft oder gar in ein „Drinnensein" verwandelt werden. Vielleicht gehört es zu den unausrottbaren Selbsttäuschungen des Menschen, zu meinen, sittliche Schuld könne „von selbst" verschwinden, sozusagen auf Grund von „Verjährung", einfach auf die Weise, daß „Gras darüber wächst". Offenbar muß vielmehr etwas anderes geschehen, genauer gesagt, *getan* werden – wenn die Seele, mit Platon zu reden, ihrer Narben und Striemen ledig werden, wenn sie ihre Lichtheit zurückgewinnen, wenn die Nähe zu Gott und die Zugehörigkeit zu seinem Reiche wiederhergestellt werden soll. – Doch ist dies ein neues Thema, von dem noch zu reden sein wird.

Zuvor sind noch einige andere Namen und Bilder zu bedenken, mit denen das Bleibende an der Sünde, das ihren Akt Überdauernde, bezeichnet worden ist. So hat man von einem Zustand der Hörigkeit und des Gefesseltseins[8] gesprochen, in welchen die Seele durch die Sünde gerate – eine Vorstellung, die der unmittelbaren menschlichen Erfahrung besonders einzuleuchten scheint. Zum Beispiel findet sich gerade dieser Aspekt der Sünde in den Tagebüchern von André Gide, wiederum, mehr als einmal formuliert: „Der Böse gewinnt uns für seine Sache und macht uns sich selber dienstbar. Wer könnte es wagen, hier von einer Befreiung zu sprechen? ... Als ob nicht das Laster ohnehin tyrannischer wäre als die Pflicht!“[9]

Die Sünde begründet aber nicht nur, als dieser in einem bestimmten Augenblick gesetzte Akt, ein bleibendes Beflecktsein der Seele, eine Verdüsterung ihrer Lichtheit, ein Fernsein von Gott, eine Hörigkeit (und auch, wie die Theologie sagt, eine Schwächung der Empfänglichkeit für die Gnade, eine *diminutio aptitudinis ad gratiam*[10]) – sie konstituiert überdies und vor allem eine noch tiefer in den Personkern dringende Seinsbeschaffenheit, welche die Alten mit einem uns völlig abhanden gekommenen, wenngleich bereits klassisch-antiken[11] Namen bezeichnen; dieser Name ist *reatus*. Das Wort leitet sich her von *reas*, schuldig, und es bedeutet den Zustand des Schuldigseins. Sünde heißt nicht nur: Ich habe etwas *getan;* Sünde heißt auch: Ich *bin* nunmehr etwas, das ich vorher nicht war; ich bin, auf Grund jener Tat, schuldig. Das Schuldigsein ist das, was beim Tun der Sünde als innere Frucht, als *effectus*, „herauskommt“. „Wenn man sagt, die Sünde sei als Akt etwas Vorübergehendes, als *reatus* aber etwas Bleibendes, dann ist dies dasselbe, wie wenn man sagt: sie geht vorbei in dem, was sie ist; aber sie bleibt in dem, was sie bewirkt.“[12] Wenn ich übrigens den *reatus* als Schuldigsein definiert habe, so muß man wissen, daß dies, genaugenommen, nur unter einer bestimmten Voraussetzung zutreffend ist. Die Voraussetzung besagt, daß man eine Implikation mitvernimmt und mitdenkt, die auch unserem durchschnittlichen Sprachgebrauch keineswegs fremd ist, der ja den Verbrecher nicht nur „des Mordes schuldig" nennt, sondern von ihm gleichfalls sagt, er sei „des Todes schuldig". Der *reatus*, als innebleibende Frucht der Sünde, bedeutet also eine zweifache Personqualität[13], sowohl die des Schuldigseins, des „Schuld-Habens" wie auch die des Strafe-Verdienens, der Strafwürdigkeit, der *obligatio ad poenam*[14]. Matthias Joseph Scheeben versucht das uns ferngerückte Wort zu verdeutschen und spricht von der „durch die Verschuldung begründeten Haftbarkeit vor Gott"[15].

Aber ob man nun „Haftbarkeit" sagt oder „Strafwürdigkeit" oder auch, wie die Römer, „Fluch" [der Götter] – über die notwendige Zuordnung von Schuld und Sühne, die im Begriff *reatus* zu Wort gebracht ist, hat es in der menschheitlichen Tradition des Denkens über die sittliche Verfehlung niemals einen Zweifel gegeben. Was zum Beispiel das antike Rom betrifft, so beruht, wie Theodor Mommsen[16] gezeigt hat, sein gesamtes Kriminalrecht auf der Idee der *expiatio*, welche besagt, jener nach der verbrecherischen Tat verbleibende „Fluch" könne nur durch Strafe und Sühnung vom Gemeinwesen abgewendet werden.

Freilich läßt sich mit guten Argumenten streiten – und es wird ja auch tatsächlich gestritten – über die Frage, welche Instanz befugt sei, menschliche Schuld – das Wort im strikten Sinn verstanden – überhaupt zu beurteilen und ihre Sühnung, das heißt ihre, genaugenommen, allein so zu nennende Bestrafung, zu verfügen und zu vollziehen. Wie sehr dies einen neuralgischen Punkt aller staatlichen Strafjustiz berührt, ist evident.[17] Man mag auch, als Philosophierender oder als Psychologe, begründete Zweifel hegen, ob der Mensch überhaupt der „reinen" Realisierung von Schuld fähig sei, das heißt, ob er sich, ohne daß irgendein Element von Schwachheit, Hingerissenheit, Verführung, „Determination" im Spiel wäre, gegen das Gute zu entscheiden vermöge.

Wenn es aber Schuld und Sünde im unabgeschwächten Sinne gibt, dann muß es sinnvollerweise und notwendig auch Sühne und Strafe geben – wer auch immer sie zu bemessen und zu verhängen befugt sein mag. Schuld und Sünde sind etwas von Natur Strafwürdiges: Dies ist für das Gemeinbewußtsein der Menschen, über die Zeitalter hinweg, etwas so völlig Selbstverständliches, daß man darüber kein weiteres Wort zu verlieren braucht.

Allerdings ist es mit solcher Gemeinsamkeit, jedenfalls in der gegenwärtigen Diskussion (sofern überhaupt noch diskutiert wird), gründlich vorbei, sobald die Rede ist von einer *unbeendlichen* Strafe, welche seit je als die der vollendeten, tödlichen Sünde gerechtermaßen zugeordnete Sühnung gilt – und dies nicht etwa nur in der christlichen Tradition; auch die von Platon nacherzählten eschatologischen Mythen sprechen den „unheilbaren" Verbrechen eine zeitlich unbegrenzte Strafe zu, *eis aeí chronon*[18] (was Schleiermacher so übersetzt: „für ewige Zeit"). Natürlich ist es Sache des Theologen, die in der heiligen Überlieferung enthaltenen Aussagen über die „ewige Verdammnis" auf das mit ihnen wahrhaft Gemeinte hin zu interpretieren. Dennoch ist es auch für eine philosophische Lehre vom Menschen durchaus von Belang, diese theologische Interpretation aufmerksam zur Kenntnis zu nehmen – sofern nämlich damit zugleich etwas Entscheidendes gesagt sein könnte über die innere Gestalt der sittlichen Fehlleistung des Menschen.

Wenn also im Folgenden notgedrungen von der Strafe der Verdammnis die Rede sein muß – unumwunden gesagt: von der „Hölle" –, dann sollten, damit nicht rein emotionale Oppositionen jedes wirkliche Verständnis blockieren, zwei Vorbemerkungen mit einiger Gründlichkeit bedacht werden.

Erstens: Von einer unbeendlichen Strafe ist einzig in bezug auf die strikten Sinnes „tödliche" Sünde die Rede, das heißt einzig in bezug auf die konsequent durchgehaltene bewußte Abwendung des Willens von Gott. Um diese Zuordnung verständlich oder doch verständlicher zu finden, muß man im Akt der tödlichen Sünde ein Element wahrgenommen haben, das man ihre „Ewigkeits-Intention" nennen könnte. „Tödlich" sündigen heißt: die äußerste Wertschätzung und Liebe, deren man fähig ist, ausdrücklich nicht Gott zuwenden, sondern sich selbst. Und einzig hiervon sprechen wir jetzt, einzig von dieser an die Wurzel gehenden, vor nichts zurückschreckenden Entscheidung gegen Gott, mit welcher an Radikalität auf der Gegenseite nur die Entscheidung etwa des Blutzeugen verglichen werden kann: In beiden Fällen geht es auf Leben und Tod. Nun aber gilt, daß jeder, der etwas aufs äußerste liebt, es ebendamit *für immer* haben will[19]; was, auf unseren Fragepunkt bezogen, heißt, daß die bis zur letzten Konsequenz realisierte tödliche Sünde gleichfalls „Ewigkeit will". Das ungewöhnliche, schon einmal angeführte Wort von der „ewigen" Wesensmitte des Menschen als dem Ort der tödlichen Sünde gewinnt, so betrachtet, noch eine neue Bedeutung: daß nämlich der in solch radikalem Sinn Sündigende letztlich gewillt sein müsse, nicht nur sein ganzes hiesiges Leben hindurch in der Sünde zu verharren, sondern dies „in Ewigkeit“, *in aeternum*[20], zu tun. Es gehört einfach zur Natur dieses Aktes, als etwas Endgültiges und insofern „Irreparables“ gemeint zu sein. Die Endgültigkeit der Strafe ist also nur die Antwort auf die Endgültigkeit der Entscheidung.

Zweitens: In der Rede von der „ewigen Strafe“ muß klar unterschieden werden zwischen den Bildern, die das Wesen der Sache veranschaulichen sollen, und dem Wesen der Sache selbst. Wenn aber das Wesen der Verdammnis zu Recht bezeichnet wird als die Trennung von dem unendlichen Gut, welches Gott selber ist[21], dann besteht die Strafe in nichts anderem als darin, daß man nicht besitzt, was man bereits ausdrücklich von sich gewiesen hat. Die „Hölle“ ist also nicht als ein Verlies zu denken, in das man gewaltsam gegen seinen Willen eingesperrt würde. Der Riegel, der den Weg ins Freie versperrt, hat seinen Platz nicht draußen, sondern drinnen. Es ist der hartnäckig von Gott sich abwendende Wille der Verdammten selbst, der das Tor der Hölle verschlossen hält.

Im Grunde gehört dies zum geheimen Wissensbestand von jedermann. Es ist auch Jean Paul Sartre nicht unbekannt. Als in seinem Drama von der „Geschlossenen Gesellschaft“ (*Huis clos*) die Tür des unheimlichen Hotelzimmers, das die Hölle ist, plötzlich aufspringt, verläßt keiner der drei, einen Augenblick zuvor noch leidenschaftlich hinausverlangenden, Verdammten den Raum; man will es gar nicht. – André Gide, dessen Tagebücher noch ein letztes Mal zu zitieren sind, nennt die Hölle „das Weitersündigen, wider besseres Wissen, ohne Lust“[22]. –

Die beiden modernen Franzosen bestätigen, jeder auf seine besondere Art, die überlieferte Weisheit, wonach für den Menschen die Hölle darin besteht, daß seine Weigerung zu lieben, die in der tödlichen Sünde als endgültige Entscheidung gemeint ist, beim Wort genommen und unwiderruflich „wahr gemacht" wird. Wie auch die folgenden Sätze nicht etwa von einem Kirchenvater stammen, sondern in Dostojewskis Roman von den Brüdern Karamasow zu lesen sind: „Ihr Väter und Lehrer, was ist die Hölle? Ich denke, sie ist der Schmerz darüber, daß man nicht mehr zu lieben vermag."[23] Die einfachste und schlagendste Formulierung, bei aller Originalität der Diktion auch sie in völliger Übereinstimmung mit der großen Tradition, findet sich bei C. S. Lewis, in seinem Buch „Über den Schmerz", das natürlich von der Hölle, dem Äußersten an Schmerz, nicht schweigen konnte. Zwar beginnt er damit zu sagen: „Es gibt keine Lehre, die ich lieber aus dem Christentum tilgen möchte als diese – wenn es nur in meiner Macht läge."[24] Aber dann richtet er an den, der gegen die Vorstellung „Hölle" protestiert, einige Fragen: „Was also willst du, daß Gott tun soll? Soll er ihnen einen neuen Start geben? – Aber ebendas hat er getan: auf Golgatha! – Soll er ihnen vergeben? – Aber sie wollen ja keine Vergebung! – Soll Gott sie also gewähren lassen?[25] – Ich fürchte, daß es genau dies ist, was er tut."[26]

Das hier gefallene Wort von der „Vergebung" ruft einige neue Fragen vor den Blick. – Daß Vergebung nur dem zuteil werden kann, der danach verlangt, sie zum mindesten annimmt, leuchtet wohl jedermann ein. Würde man jemandem „vergeben", der keine Vergebung will, so hieße das, ihn buchstäblich für nicht zurechnungsfähig zu erklären. – Dringlicher ist die andere Frage, ob und auf welche Weise Schuld aus der Welt geschafft, geheilt und ausgelöscht werden könne – durch Vergebung. Offenbar setzt doch einerseits Heilung die Heilbarkeit voraus und also die Nicht-Tödlichkeit der Krankheit; aber gehört es, nach allem bisher Gesagten, nicht anderseits zum Wesen der vollendeten Sünde, gerade eine endgültige, „irreparable" Entscheidung zu sein? Beides trifft unbestreibar zu. Dennoch könnte es sein, daß die Absicht, eine endgültige Entscheidung zu treffen, sich ändert – jedenfalls sofern es sich um den Menschen handelt, dessen Entscheidungen zwar endgültig sein *können*, es aber nicht schon von Haus aus *sind*. Doch um wen sonst sollte es sich denn handeln, wenn nicht um den Menschen? Hier ist noch einmal einen Augenblick lang die Grenzvorstellung von der Sünde des reinen Geistes zu bedenken, von welcher die Theologie sagt, sie sei in der Tat ihrer Natur nach unheilbar, *irremediabile*[27], weil allein das rein geistige Wesen, der Engel, einer Entscheidung fähig ist, zu deren Natur es gehört, endgültig zu sein. Das bedeutet, daß es Schuld im völlig unabgeschwächten Sinn der kraft ihres Wesens unwiderruflichen Entscheidung gegen Gott nur im Falle des reinen Geistes geben kann. Natürlich wird dies hier nicht um des theologischen Themas der Engelsünde willen zur Sprache gebracht, sondern weil an diesem Punkt ein ebenso bedenkenswerter wie wahrscheinlich unvermuteter Zusammenhang mit einer autonomistischen Anthropologie sichtbar wird, mit jenem Selbstverständnis des Menschen also, worin er, der Mensch, ein zum mindesten im Bereich von Erkenntnis und Entscheidung gleichfalls rein geistiges, souveränes Subjekt zu sein beansprucht – und auch tatsächlich, mit wahrhaft unheimlicher Konsequenz, jede etwaige Vergebung seiner Schuld als etwas

Menschenunwürdiges von sich weist. „Hat man sie [= die Schuld] einmal auf sich geladen, so kann man sie sich nicht nehmen lassen, ohne sich selbst zu negieren. Der Schuldige hat ein Recht auf das Tragen seiner Schuld. Er muß die Erlösung von außen her ablehnen. Mit der Schuld würde er das größere sittliche Gut, sein Menschentum, preisgeben ... Die Erlösung entmündigt den Menschen tatsächlich, mutet ihm die Preisgabe der Freiheit zu." Läßt man die Person des Autors (Nicolai Hartmann[28]), über den zu urteilen natürlich niemandem zusteht, einmal völlig aus dem Spiel und nimmt man diese furchtbaren Sätze so, wie sie dastehen, dann wird man in ihnen genau das wiedererkennen, was die christlich-abendländische Überlieferung von der Haltung der gefallenen Engel und der Verdammten sagt: daß nämlich die Vergebung ihrer Schuld deswegen unmöglich sei, weil sie von ihnen als unzumutbare Demütigung zurückgewiesen wird, weil, anders gesagt, der Schuldige bei seiner gegen Gott gefällten Entscheidung bleibt.

Wenn es anderseits für die menschliche Verfehlung, selbst für die „tödliche", wirklich Heilung, Tilgung, Auslöschung soll geben können: Wie könnte so etwas als reale Möglichkeit vorgestellt werden? Welche Bedingungen müßten erfüllt sein, damit Vergebung zustande kommen könnte? – Nun, die erste Voraussetzung dürfte kaum jemandem unvertraut sein; sie heißt: Erkenntnis, Anerkennung und Verwerfung der eigenen Schuld. Hierzu ist ein bereits teilweise zitierter Text von Simone Weil zu vervollständigen: „Die Erkenntnis des Guten gewinnt man nur, indem man es vollbringt; die Erfahrung des Bösen aber gewinnt man nur, indem man es sich verbietet oder, hat man es schon vollbracht, indem man es bereut."[29] Und ebendies, die ausdrückliche Mißbilligung der eigenen Sünde, ist dem Menschen, und wäre der schuldhafte Akt noch so endgültig gemeint gewesen, dennoch möglich – und dies wiederum im Unterschied zu den rein geistigen Wesen, die nicht „bereuen" können; „ihre Sünde kann ihnen nicht mißfallen"[30]. Noch einmal drängt sich die bestürzende Einsicht auf, wie nahe solche dämonische Unbekehrbarkeit der autonomistischen Selbstmißdeutung des Menschen benachbart ist. Friedrich Nietzsche hat sie als „Fröhliche Wissenschaft" verkündet: „Lieber schuldig bleiben als mit einer Münze zahlen, die nicht unser Bild trägt – so will es unsere Souveränität."[31]

Zu dieser Proklamation wäre mancherlei zu sagen. Vor allem aber, daß Reue nichts anderes bedeutet als genau dies: daß wir „mit einer Münze zahlen, die *unser* Bild trägt"; wir selber sagen nein zu unserer eigenen schuldhaften Tat. Übrigens gehört auch dieses Wissen zum Gemeingut aller menschheitlichen Tradition. Für den „Westen" widerlegt allein schon der platonische Sokrates die gleichfalls von Friedrich Nietzsche stammende These, der Grieche würde die Reue als eine „Sklavensache" von sich gewiesen haben. Und der Ferne Osten hat seine Überzeugung, daß Reue ein unentbehrlicher existentieller Gesundungsakt sei, völlig klar in das unvergleichliche Wort gefaßt: „Der heilige Mensch ist nicht krank, weil ihn seine Krankheit kränkt: darum ist er nicht krank."[32]

Wenn nach den Voraussetzungen für eine Heilung von Schuld und Sünde gefragt wird, so ist der Hinweis auf die Notwendigkeit der Reue natürlich nur ein Teil der Antwort. Als eine für das innere Freiwerden gleichfalls unerläßliche Bedingung gilt auch die Selbstanklage, das Aussprechen der eigenen Schuld, das Bekennen im Angesicht von jemand anders. Und auch dies scheint ein Bestandstück der gesamtmenschheitlichen, auch der vor- und außerchristlichen Weisheitstradition zu sein. Nach hinduistischer Regel soll der künftige Mönch seine Verfehlungen dem „*guru*“ offenbaren; von den samothrakischen Mysterien berichtet Plutarch[33], der Einzuweihende müsse einem der Kultpriester die schlimmste Tat seines Lebens bekennen; in Lydien und Phrygien hat man Stelen und Steintafeln aus vorchristlicher Zeit gefunden, auf denen, öffentlich und für jedermann sichtbar, Schuldbekenntnisse eingemeißelt sind[34]; und der immer wieder einmal zu nennende platonische Sokrates verlangt von dem, der Unrecht getan hat, nicht nur, daß er die verhängte Strafe ohne Klage auf sich nehme, sondern auch, daß er, um nur ja von der Ungerechtigkeit loszukommen, der erste Ankläger sei wider sich selbst[35] – das werde dann einmal ein nutzbringender Gebrauch der Kunst des Wortes sein.[36] Und wer die unausgesprochenen Argumente hinter dem gegenwärtig in der Christenheit geführten Streitgespräch über „öffentliche Bußandacht“ und „persönliche Beichte“ zu analysieren vermöchte, würde wahrscheinlich nicht nur entdecken, wie sehr die konkrete Selbstanklage, nicht gerade überraschenderweise, dem modernen Menschen wider den Geschmack ist, sondern auch, wie sehr man um ihre Notwendigkeit weiß.

Weil aber in der Sünde nicht allein eine sachlich-neutrale Norm verletzt, sondern ein personaler Jemand attackiert ist, darum müßte es eigentlich plausibel zu machen sein, daß weder die Reue noch das Bekenntnis, die ja beide sozusagen einseitige Akte sind, dazu genügen können, daß einer wirklich frei werde von seiner Schuld; offenbar müßte dazu jener „Andere“ auch seinerseits etwas tun – obwohl bestehenbleibt, daß mit der Anerkennung und der Mißbilligung der eigenen Schuld wie vor allem damit, daß der Schuldige selbst sie bei ihrem wahren Namen nennt, eine immerhin unerläßliche Vorbedingung der Befreiung geschaffen ist.

Über diesen Punkt gibt es, scheint mir, im Bereich der psychotherapeutischen Theorie und Praxis recht konsequenzenreiche Mißverständnisse. Bei einem Besuch in der Frankfurter Wohnung eines zu seiner Zeit angesehenen, auch literarisch hervorgetretenen Psychotherapeuten stieß ich auf Edward von Steinles ehedem weithin bekanntes Bild „Der Großpönitentiar“: auf der Höhe eines fast opernhaft stilisierten Podiums ein purpurgewandeter kirchlicher Würdenträger und ihm zur Seite ein Kniender, der ihm das Sündenbekenntnis ins Ohr flüstert. Mit ironischer Verwunderung und wohl auch recht unverhohlener Überraschung betrachtete ich die altmodisch-pompöse Szene; woraufhin mir der Hausherr in aller Unbefangenheit und nicht ohne einen Hauch von Selbstgefühl zu verstehen gab: Genau dies sei Tag für Tag seine eigene Situation. Ich hinwiederum konnte ihm die Zweifelsfrage nicht ersparen, ob er wirklich imstande sei, zu seinem Patienten gewandt, zu sagen: *Ego te absolvo*, „ich spreche dich los von deinen Sünden“.

Mit diesem Wort aus dem Ritus des Bußsakraments ist die Grenze zur Theologie erreicht und vielleicht schon überschritten. Der Philosophierende jedenfalls ist nicht dazu legitimiert, ausdrücklich von der sakramentlichen Absolution zu sprechen. Erwartbar ist es allerdings sehr wohl, daß dem, der in dezidierter Offenheit für jeden möglichen Aspekt das Phänomen menschlicher Verfehlung bedenkt, schließlich auch die überrationale Dimension des Gegenstandes in Sichtweite kommt. Wenn es wahr ist, daß die vollendete menschliche Schuld letztlich eine Entscheidung gegen Gott besagt und im Grunde sogar gegen ihn allein, dann muß es eines Augenblicks mindestens ahnbar werden, daß die Sünde des Menschen, trotz Reue und Schuldbekenntnis, nur durch Eines wirklich ausgelöscht werden könnte: durch das von Gott selber gewährte Geschenk der Vergebung.

Erste Niederschrift: 1953/54; zweite Niederschrift: 1961/62; dritte Niederschrift: 1967/68; vierte und fünfte Niederschrift: Juli/August 1976.

Abkürzungsschlüssel

In den folgenden Anmerkungen sind die Zitate aus der Summa theologica des heiligen Thomas von Aquin nur durch Ziffern gekennzeichnet (z. B.: „I, II, 3, 4" gleich „I. Teil des II. Hauptteils, quaestio 3, articulus 4"); das gleiche gilt für die Zitate aus seinem Kommentar zum Sentenzenbuch des Petrus Lombardus (z. B.: „2 d. 3, 4, 1" gleich „2. Buch, distinctio 3, quaestio 4, articulus 1"). – Die Titel der übrigen Werke des heiligen Thomas lauten, mit den jeweils verwendeten Abkürzungen, folgendermaßen: Summa contra Gentes (C. G.); Quaestiones disputatae de veritate (Ver.); Quaestiones disputatae de malo (Mal.); Quaestiones disputatae de potentia Dei (Pot.); Quaestiones quodlibetales [Quol.]; Compendium theologiae [Comp. theol.].

Anmerkungen

I

1 Paul Valéry, Über die Tugend. In: Europäische Revue. Jg. 11 (1935).
2 Vgl. H. H. Janssen, Schuld en Boeten in het oude Rome. In: Donum Lustrale Catholicae Universitati Noviomagensi oblatum. Nymwegen 1949.
3 Thomas Mann, Briefe 1889–1936. Frankfurt 1961. S. 234.
4 Religion als Ganzheit. Hrsg. Maria Schlüter-Hermkes. Düsseldorf 1948. S. 348.
5 Der Gordische Knoten. Frankfurt 1953. S. 118.
6 Nicolai Hartmann, Ethik. 3. Aufl. Berlin 1949. S. 818.
7 Sein und Zeit. 6. Aufl. Tübingen 1949. S. 306.
8 Ethik, S. 817.
9 III, 46, 2 ad 3.
10 Die Religion innerhalb der Grenzen der bloßen Vernunft. Hrsg. Karl Vorländer. 5. Aufl. Leipzig 1950. S. 44f.
11 Die Krankheit zum Tode. Hrsg. J. Frieser. Bremen 1949. S. 89.
12 Ethik, S. 811.
13 Ebd., S. 817.
14 Ebd., S. 819.
15 Ebd.
16 Also sprach Zarathustra. 3. Teil, Von der großen Sehnsucht.
17 Gedanken über Moral. 1880/81. – Gesammelte Werke. Musarion-Ausgabe. München 1922ff. Bd. 10, S. 427.
18 Morgenröte 3, 202.
19 Ethik, S. 820.
20 Ebd., S. 817.

II

1 Vgl. Richard Ch. French, Synonyma des Neuen Testaments. Tübingen 1907. S. 153.
2 2, 6; 1107 a 15.
3 Bd. I, S. 271. – Es wird dort zusammenfassend gesagt, „daß also die gebräuchlichste Bezeichnung für Sünde im Hebräischen nicht den beherrschenden religiösen Grundton besessen hat, der dem deutschen Wort eigen ist“ (S. 272).

4 Mal. 2, 2.
5 Comp. theol. 1, 119; nr. 235.
6 Mal. 2, 2. Ähnlich I, II, 21, 2: „Wie der Begriff *malum* eine weitere Erstreckung hat als der Begriff *peccatum*, so wiederum der Begriff peccatum eine weitere als der Begriff *culpa*."
7 Mal. 2, 2.
8 Ebd.
9 Eugen Herrigel, Zen in der Kunst des Bogenschießens. Konstanz 1948.
10 Mal. 2, 1: Magis est de ratione peccati, praeterire regulant actionis quam etiam deficere ab actionis fine.
11 Mal. 2, 2: Rationem culpae non habet peccatum nisi ex eo quod est voluntarium.
12 I, 11, 21, 2, obj. 2: Artifex non culpatur ex hoc quod aliquid malum facit. Vgl. dazu I, II, 21, 2 ad 2.
13 Ebd.
14 Doch läßt sich die Reihe bis in unsere Zeit weiterführen, bis zu T. S. Eliot etwa und Gottfried Benn.
15 "... from a technical point of view it was a sweet and lovely and beautiful job". In the Matter of J. Robert Oppenheimer. Transcript of Hearing before Personnel Security Board. Washington, D. C. 1954, S. 229.
16 Natürlich ist das eine ungenaue Ausdrucksweise; nur der Mensch kann (sittlich) gut und böse sein, nicht aber ein Buch; dennoch ist klar, was gemeint ist.
17 I, II, 21, 2; obj. 2.
18 Vgl. I, II, 21, 2 ad 2.
19 Günther Anders, Endzeit und Zeitenende. Gedanken über die atomare Situation. München 1972. S. 82.
20 Ebd., S. 101.
21 Rudolf Höß, Kommandant in Auschwitz. Autobiographische Aufzeichnungen. Stuttgart 1958. Vor allem: S. 93 f; 120; 160f.
22 Vgl. Hans Lenk, Philosophie im technologischen Zeitalter. Stuttgart 1971, S. 20.
23 Martin Buber, Bilder von Gut und Böse. Werke Bd. I. München-Heidelberg 1962, S. 620.
24 I, II, 72, 1 ad 2; ähnlich I, II, 75, 1 ad 1.
25 I, II, 21, I ad 3.
26 I, 82, 1 ad 3.
27 Malum culpae facit hominem simpliciter malum. Mal. 1, 5.
28 Ver. 25, 5.
29 Ebd.
30 Krankheit zum Tode, S. 99.

31 La pensée du Père Teilhard de Chardin, par lui-même. Les Études Philosophiques. Paris. Vol. 10 (1955); nr. 4.
32 Also sprach Zarathustra. 4. Teil, Vom höheren Menschen, 5.

III

1 Actus inordinatus. I, II, 71, 1; Mal. 2, 9 ad 2; Ver. 25, 5.
2 Mal. 7, 1.
3 I, II, 77, 4.
4 II, II, 125, 2.
5 Ordo non est substantia, sed relatio. I, 116, 2 ad 3.
6 De libero arbitrio. Migne, Patrologia Latina 32, 1290.
7 I, II, 78, 3.
8 II, II, 130, 1.
9 I, II, 109, 2 ad 2.
10 Die an sich gleichfalls mögliche Übersetzung von *inclinatio naturalis* durch „*natürliche* Neigung" ist insofern irreführend, als darin der Charakter des Naturgeschehens nicht zum Ausdruck kommt. „Naturhaft" hingegen ist das, was so geschieht, wie der Stein fällt.
11 II, II, 133, 1.
12 Das Eine, das not tut. Eine Beichtrede. Bremen 1948. S. 23.
13 Ebd., S. 22.
14 Roger Garaudy, De l'anathème au dialogue. Un marxiste tire les conclusions du Concile. Paris 1965. S. 44. – Deutsch in: Garaudy-Metz-Rahner, Der Dialog, rororo-Taschenbuch 1966, S. 54.
15 Josef Pieper, Herkunftslose Zukunft und Hoffnung ohne Grund? In: Über die Schwierigkeit, heute zu glauben. Aufsätze und Reden. München 1974. S. 179f.
16 Mal. 8, 2.
17 Vgl. zum Beispiel: II, II, 153, 2; II, II, 168, 4.
18 Thomas von Aquin, Kommentar zu Dionysius Areopagita, „De divinis nominibus". Turin 1950. § 32; nr. 245ff.
19 Facit rationem peccati. II, II, 162, 1.
20 2 d. 42, 1, 4 ad 3.
21 Zu F. von Müller (28. 3. 1819). – Maximen und Reflexionen. Hrsg. Günther Müller. Stuttgart 1945. Nr. 530.
22 Vgl. Romano Guardini, Klassischer Geist. In: Die Schildgenossen. Jg. 5 (1924).
23 I, II, 19, 5 ad 2.
24 I, II, 19, 5.

25 Vgl. Emil Brunner, Gerechtigkeit. Zürich 1943. S. 54.
26 Nikomachische Ethik 10, 7; 1177 b.

IV

1 Mal. 15, 2.
2 L'existentialisme est un humanisme. Paris 1946. S. 22.
3 II, II, 154, 12 ad 1.
4 Politeia 508f.
5 Nikomachische Ethik 10, 7; 1177 b.
6 Krankheit zum Tode, S. 99.
7 Psyche. 9./10. Aufl. Tübingen 1925. Bd. I, S. 319.
8 Fröhliche Wissenschaft 3, 135.
9 2 d. 38, 1.
10 Bd. I, S. 299.
11 Symposion 190 b–c.
12 Gustav Mensching, Die Idee der Sünde. Leipzig 1931. S. 22.
13 Karl Rahner, Schuld und Vergebung. In: Anima. Jg. 8 (1953) S. 259.
14 Dichtung und Wahrheit 2, 8.
15 Die Schwerkraft und die Gnade. München 1952. S. 151f.
16 I, II, 21, 4 ad 1.
17 I, 63, 7 ad 2.
18 Anselm von Canterbury, Cur Deus Homo. I, 15.

V

1 II, II, 34, 2; ähnlich: I, 94, 1.
2 II, II, 162, 6.
3 I, II, 72, 2.
4 Aversio est formalis et completiva ratio peccati. II, II, 162, 6.
5 Ver. 3, 4 ad 5.
6 I, II, 78, 1 ad 2; I, 19, 9.
7 Pot. 3, 6 ad 14.
8 I, II, 72, 2.
9 2 d. 42, 2, 1 ad 7.
10 Quol. 5, 20.
11 II, II, 20, 3.
12 I, II, 84, 2.
13 I, 63, 2.

14 III, 8, 7.
15 I, II, 77, 4.
16 Vgl. dazu 2 d. 42, 1, 5 ad 7.
17 C. S. Lewis, Über den Schmerz (The Problem of Pain). Übersetzt von Hildegard und Josef Pieper. Köln-Olten 1954. S. 81ff.
18 Ebd., S. 93.
19 Ebd., S. 92.

VI

1 Zum Beispiel: Gorgias 515 c.
2 Vgl. H. H. Janssen, Schuld en Boeten in het oude Rome.
3 Mortale et veniale opponuntur sicut reparabile et irreparabile. I, II, 88, 1.
4 5, 8; 1136 a.
5 I, II, 88, 1 ad 1.
6 I, II, 88, 6.
7 I, II, 88, 1 ad 1.
8 I, II, 77, 8 ad I.
9 I, II, 88, 1.
10 „Die Diktatur des Proletariats ist die durch kein Gesetz beschränkte und sich auf Gewalt stützende Herrschaft des Proletariats über die Bourgeoisie." Joseph Stalin, Über die Grundlagen des Leninismus. Berlin 1946. S. 30f.
11 Piet Schoonenberg, Man and Sin. A Theological View. Notre Dame, USA, 1965. – Später auch deutsch: Theologie der Sünde. Einsiedeln 1966.
12 Man and Sin, S. 35.
13 Ebd., S. 31; 37.
14 2 d. 42, 1, 5. Der Ausdruck stammt aus den Dialogen Gregors des Großen.
15 Karl Rahner, Schuld und Vergebung, S. 258ff.
16 Man and Sin, S. 36.
17 Origenes, Kommentar zum Buche Exodus. Zitiert nach Hans Urs von Balthasar: Origenes, Geist und Feuer. Salzburg-Leipzig 1938. S. 498.

VII

1 Die Mysterien des Christentums. Hrsg. Josef Höfer. Freiburg 1941. S. 209.
2 Menon 99 d.
3 I, II, 58, 2; vgl. auch I, II, 77, 2.
4 C. G. 4, 92.

5 Ver. 15, 3 ad 2; ad 6.
6 I. II, 79, 4.
7 I, II, 79. 3.
8 Video meliora proboque, deteriora sequor. Ovid, Metamorph. 7, 19.
9 Georgica 1, 501.
10 Oden I, 3, 27.
11 Epoden 7, 18.
12 H. H. Janssen, Schuld en Boeten in het oude Rome.
13 Pascal, Pensées [nach der Zählung der Ausgabe von Léon Brunschvicg: Nr. 434].
14 Die Religion innerhalb der Grenzen der bloßen Vernunft, S. 46.
15 Ebd., S. 47.
16 Ebd., S. 85f.
17 Ethik, S. 378f.
18 Ver. 24, 3 ad 2.
19 Ver. 22, 6.
20 Ver. 24, 3 ad 2; 2 d. 44, 1, 1 ad 1.
21 Ver. 22, 6.
22 I, 62, 8 ad 3: ... peccare ... pertinet ad defectum libertatis.
23 André Gide, Tagebuch 1889–1939. Band II. Stuttgart 1951. S. 257.
24 I, II, 80, 9.
25 Quaecumque creatura rationalis, si in sua natura consideretur, potest peccare. I, 63, 1.
26 Ebd.
27 Ebd.
28 Ver. 18, 2 ad 5.
29 Vgl. Josef Pieper, Unaustrinkbares Licht. Das negative Element in der Weltansicht des Thomas von Aquin. München 1963.
30 Ver. 24, 8 ad 4.
31 Ver. 22, 6 ad 3; ähnlich 2 d. 23,1.

VIII

1 I, II, 87, 6.
2 Gorgias 524 e – 525 a.
3 I, II, 86, 2 ad 1.
4 I, II, 86, 1 ad 1.
5 I, II, 86, 2.
6 Actus peccati facit distantiam a Deo. I, II, 86, 2 ad 3.
7 II, II, 37, 1; sed contra.

8 Mal. 14, 2 ad 7.
9 Tagebuch 1889–1939, Band II, S. 187.
10 Mal. 2, 11 ad 1; 2, 12.
11 Vgl. etwa das Oxforder „Latin Dictionary" von Lewis-Short (1958).
12 Mal. 2, 2 ad 14.
13 2 d. 42, i, 2.
14 Ebd.; ähnlich Mal. 2, 2 ad 14.
15 Mysterien des Christentums, S. 239.
16 Vgl. Karl Prümm, Der christliche Glaube und die altheidnische Welt. Leipzig 1935. Bd. II, S. 243.
17 Vgl. Josef Pieper, Tod und Unsterblichkeit. München 1968. S. 98f.
18 Gorgias 525 c 6.
19 2 d. 42, 1, 5.
20 I, II, 87, 3 ad I.
21 Amissio infiniti boni scil. Dei. I, II, 87, 4.
22 Tagebuch 1889–1939. Band II, S. 187.
23 Sechstes Buch: Ein russischer Mönch. Aus den Gesprächen und Predigten des Staretz Sossima: Von der Hölle und vom höllischen Feuer.
24 Über den Schmerz, S. 139.
25 Im Englischen heißt es: let them alone, was nicht mit „sie *allein* lassen" übersetzt werden kann. *Let me alone* heißt: Laß mich in Ruh; „laß mich nur machen".
26 Ebd., S. 149.
27 I, II, 80, 4 ad 3.
28 Ethik, S. 353f.
29 Die Schwerkraft und die Gnade, S. 151f.
30 III, 86, 1.
31 Fröhliche Wissenschaft 3, 252.
32 Lao-tse, Tao-Te-King; Teil II, Kap. 71. Übers. Viktor von Strauß, neuerdings wieder zugänglich in der „Manesse-Bibliothek der Weltliteratur", Zürich.
33 Plutarch, Moralia. Übers. J. F. S. Kaltwasser. Bd. 2. Wien-Prag 1797. S. 175.
34 Vgl. Franz Seraph Steinleitner, Die Beicht im Zusammenhange mit der sakralen Rechtspflege in der Antike. Leipzig 1913. S. 75; 121.
35 Gorgias 480 d.
36 Ebd., 481 b.

Register